Askfatshjärta

Agnes Lundkvist

© 2021 Lundkvist, Agnes
Förlag: BoD – Books on Demand, Stockholm, Sverige
Tryck: BoD – Books on Demand, Norderstedt,
Tyskland
ISBN: 9789179690137

Askfatshjärta

Agnes Lundkvist

*"I am always tierd, because
I become a superhero at night."*
- Okänd

Viskande röster omkring: *se hur hon brinner*, oförstådd
och bränd, ett glödande hål i bröstet. En klump av
tjära där hjärtat brukade sitta, en egendomlig känsla
att jag varit här förut. Smärtar i mig, som ett
flämtande ankare vid sin vansinniga tyngd. Andas
tungt, nålar och småspik som blod i svalget.

Flämtande säljer jag mitt tänkande, som en duktig
hora tillförordnas jag detta vägskäl. Friktioner vid
mitt bröst, tjärklumpen förtvinar inför de
beskuggande tankarna. De djupen jag står inför har
sällan frivilligt beträtts, förfallen inför falskspelet
som gestikulerar ont bråd, hur jag är fastetsad vid
mina svagheter.

Står ödmjuk då jag, lösgjord från min puppa. Döden
håller mig ödmjuk, inför min existentiella
dödslängtan, ylar av besvikelse.

Alla nervtrådar sliter, drar, upplever en kort sekund
ren skräck innan min ömtåliga kropp slår i marken.
Stirrar in i självföraktet med blå ögon, en dag
kommer de tala om mig med frågande röster. Hur
man kan hata sig blind med ett besatt sinne, hur man
dekorerar innanmätet med kaos, hur man skriker
vansinnet ur sig genom stängda fönster.

Jag kommer aldrig att brinna så igen.

Det är vinter. Kylan lamslår när jag modigt sätter fötterna på perrongen, viskande röster omkring: *se hur hon brinner.* Känslokaoset dröjer inte när jag återigen möter Älvsbyns iskalla andedräkt, sov hela resan på golvet i djurkupén med Olof och Hector. Piller och pulver vilar tryggt i byxfickan, någonting familjärt att hålla vid när nya kapitel väntar.

Känns som att jag ljuger inför alla som hoppats då jag en stund senare gömmer rakbladet i armen. En nystart överröstas, ljudet av tabletter som krossas ekar i det stora badrummet gör lika ont som röster som ber mig att låta bli. Kommer att berätta skräckhistorier om mig senare, det här är vad jag kan. Den inlärda slutstationen.

Tårögd med kliande fingrar röker jag hastigt, försöker slå tankarna från mig. Vill skrika, springa, slåss, men kan inte förmå mig annat än att stirra in i balkongräcket tills cigaretten brunnit upp mellan fingrarna. Drar håret bakom örat, hårstrån fastnar i en trasig nagel, känner medvetandet som värker.

Stirrar på klockan, väntar på att få ta medicinerna, väntar på att smärtfritt få kapitulera inför sömnen. Med händerna mot vitt porslin, kroppsvätskor som lämnar kroppen, bomb-attentat inuti. Frustrerade tårar, andningssvårigheter, total jävla ödeläggelse.

Dålig musik, dåliga cigaretter. Stirrar på de blodiga bandagen. Stirrar på mitt trasiga innanmäte, känner

mig obekväm, olustig, med blicken på efter-
lämningarna efter kriget jag just krigat, explosivt.

Läser dagböcker, tänker tillbaka på yngre år där jag
var en liten poesifröken, inlindad i rosrökelser och
rödrosa gardiner. Som försökte lära sig dricka te,
som skrev och skar sig genom nätterna.

Som satt på platån under gamla järnvägsbron innan
de satte dit stängslet, dinglade med benen tio meter
över strö-mmande vatten. Som var kär i Christel, låg
i all ensamhet på tankebänken under stjärnorna och
tjuvrökte. Som målade och skrev i, vad jag trodde
mig vara, mina sista andetag. Som vägrade tro att
livet var över, där livet aldrig var över.

●

Finner mig på golvet, huvudet mot den röda mattan.
Tankarna rusar över mig, gråter och skriker, är
fruktansvärt rädd. I nederlaget färgas taket mörkt av
tjära, tapeterna flyter mot golvet, jag faller rakt
genom. Blundar flera minuter, ljuden av små
insektsben mot parketten överröstar allt annat.
Öppnar ögonen, ser garderoberna öppnas, hotar att
svälja mig, jag springer till balkongen.

Blundar, gråten gör allting suddigt, försöker ringa
Emelie men får inget svar. Skälver för mycket för att
skriva ett SMS. Lergigan, Theralen, Atarax, Zyprexa,
min kropp skriker efter bensodiazepiner. Somnar
tillslut på golvet på balkongen, insvept i filtar till

ljudet av smutsiga röster. Vaknar och fyra Zopiklon
senare sover jag i min säng, utmattad och gråtfärdig.

Dagen efter, jag brister. Tusen skärvor, de vet lika
väl som jag att mitt medvetande aldrig är permanent,
flyktigt. Mitt i det kaotiska kan jag inte minnas vem
jag är, var jag är och himlen rasar över mig. Jag röker
på balkongen med blanka sinnen, faller i takt med
pulsen jag känner vid handleden.

"Agnes, nu lyssnar du! Du får inte sätta ut mediciner
utan att prata med mig!", läkaren från psykiatrin
ringer och bryter av overkligheten.

Hon skriver ut Abilify och 10 mg. Stesolid. Jag är
dränerad, kaos förkroppsligad. Kan se mina ögon i
spegeln be efter lugn, sukta efter lindring.

Tre tior Stesolid under tungan, sväljer sex Zopiklon,
ingenting kan döva den här känslan, känslokaoset
som ekar innan bröstkorgen. Plötsligt sitter jag med
en skuren handled på golvet i badrummet, en
självförvållad olycka.

Ambulanspersonalen ser på mig med frågande ögon,
undrar om jag hade en familjemedlem eller väninna
de kan ringa. Med nedsänkt huvud droppar tårarna i
knäet när jag skakar på huvudet. Fick ett samtal på
akutpsykiatriska avdelningen i Sunderbyn, utnyttjade
det inte. Det inlärda beteendet, i natt är det min, bara
min,   slutstation   mellan   landstingslakan.

Ständigt rädd, ängslig. Inga tabletter, ingen sprit, kan

ta mig från ensamheten och rädslorna. Det går inte att leva bland tomma kartor och blister, tomma burkar, tomma flaskor. Ingenting kan skydda mig från den karga verkligheten, känslan av vad jag har splittrat. Bär på sådan smärta, som svärtar alla jag är runtomkring. Att jag förvandlat min utandning till krut som fläckar dem.

Ebba - She's found the way to no where säger:
ledsen att du itne räkte till för vem? Emelie?
[your dear sister] säger:
för alla.
Ebba- found the way to no where säger:
..

vadå ska du ta ditt liv?
[your dear sister] säger:
aldrig i helvete att jag ska ta mitt liv.
Ebba - She's found the way to no where säger:
ok, bra

●

På balkongen, en vit Prince i handen som för tankarna till Laila, tittar på solnedgången i den i den ihåliga tystnaden, andningspaus. I pillerdimmorna, spritångorna, är jag trygg, räds ingenting. När verkligheten kryper för tätt inpå skälver jag, tappar modet inför terapi som inte fungerar, på vänner som sviker när min blick sotas.

Jag minns Hellogoodbye - Here in your arms i den lilla soffan i den stora sexan. Jag minns vodkanätterna. Jag minns gamla järnvägsbrons avsats under träplankorna. Jag minns nätterna, tätt, tätt intill. Jag minns Perfect dark på Nintendo 64. Jag minns lapparna och breven, jag har sparat nästan alla.

Jag minns tankebänken, din tjuvrökning i slänten vid den stora vägen. Jag minns Hundberget. Jag minns hur jag brukade sitta under ditt fönster, jag minns den gången du inte drog ned persiennerna, jag såg dig skära dig själv. Ryser in i märgen vid minnet.

Jag minns alla middagar på pizzeria Okej. Jag minns oändliga timmar i skolbiblioteket och de oändliga korridorerna. Jag minns alla bråk, nästan vartenda ett. Jag minns första gången dina läppar rörde mina. Jag minns nyårsaftonen och kaminjäveln. Jag minns då vi båda lurade våra föräldrar för att sticka ut, då du satt bakom de gröna soptunnorna och vi åt päronhalvor, glass och strössel i min lillasyster Ebbas säng.

Jag minns då jag hittade dig okontaktbar på avsatsen under gamla järnvägsbron. Jag minns de gångerna jag lade om dina trasiga knogar, de gångerna jag lade om dina såriga armar. Jag minns hur det var att hitta dig full. Jag minns skräckhistorierna jag hört om ditt kaos, de skräckhistorier jag upplevt med dig.

Jag minns då jag hälsade på dig på 45an. Jag minns alla gångerna du grät, nästan alla faktiskt. Jag minns dina, av benso, dimmiga ögon och din pappas hårda ord i telefonen på tåget mot Uppsala.

Jag minns då din pappa ringde mig, då du låg berusad i sängen, höll om mig så hårt och bad mig att aldrig lämna dig. Minns din pappas hårda ord, att allting var mitt fel. Minns där det tog slut innan det ens börjat.

Och nu sitter jag här med skulden. Det finns så mycket jag önskar att säga dig, men inte förmår mig. Väntar på att förlamningen ska släppa. Väntar på att vindarna återvänder. Väntar på att det ska sluta göra så ont. Låt mig vara ärlig, det gör mer ont nu.

Sälta i ögonen, grus under tungan, ser allting i vitt brus. Efterlängtade lugn, hjärtat saktar ned litet, på gränsen att sluta. Allting som fyllt mig till bredden sjunker nu undan innan bröstkorgen. Vit vinter i augusti. Alla tankarna försvinner, allting jag är försvinner. Där ligger jag alldeles tom. Och jag ler. Hör ingenting, känner ingenting annat än lugnet. Sedan, som i en chock, slungas jag tillbaka till verkligheten. Som en fjäril tvingad ur sin kokong.

●

River sönder det gröna badlakanet, lindar hårt runt handleden. Tröjorna, byxorna blir våta. Kurar ihop mig till en liten boll på hallgolvet, ringer larmcentralen. Jag känner ingen ambulanspersonalen.

"Hej igen", kvinnan från ambulansen ser på mig. Sedan lindar de upp badlakanet.

"Men herregud, varför gör du såhär?",
ambulansmannen upprepar det flera gånger innan de
lägger mig på båren. Jag svävar i en, av tabletter, tät
dimma. Yr och matt somnar jag stundvis i
ambulansen till Sunderbyn.

Jag blir tilldelad ett sterilt rum, luktar antiseptiskt.

"Men lilla vännen, varför gör du så mot dig själv?",
en

lagomtjock kvinna rengör mina sår. De syr mig
under tystnad, jag kramar sjuksköterskans hand, för
att känna någons värme mot mitt kalla väsen. Frågar
om jag får gå ut och röka en cigarett, de vill inte
släppa iväg mig. De skickar in en kvinna från
vuxenpsykiatrin.

"Vad ska du göra nu?"

"Jag ska hem till min trygga säng och kattpojkarna"

Hon förklarar att jag under några som helst
omständigheter absolut inte får åka hem själv, jag
säger att jag inte kan åka hem till någon av min familj.

"Du får stanna på avdelningen över natten, och
sedan träffa en läkare imorgon som kan avgöra om
du får åka hem eller stanna här längre"

"Nej, absolut inte, jag vägrar. Jag ska hem", jag
försöker ta sats mot dörren, men jag är för trött och
yr att orka röra mig.

Jag går med på att sova där en natt. Nu är klockan
fyra på natten, får ett armband med namn och

telefonnummer och lämnas att sova i sjukhussängen på avdelning 32 på Sunderbyns sjukhus.

"Godmorgon", en skötare tänder lampan.

"Jag vill röka"

"Det är röktid vid tolv"

"Jag vill röka nu!", klär på mig, somnar sedan om. Blir väckt

av en läkare som sätter sig framför mig. I skrivande stund minns jag inte vad vi pratade om, fick mer Stesolid, Abilify, magmedicin, beskedet att jag kan åka hem.

En sjuksköterska delar ut mediciner åt mig, berättar att hon beställt en taxi, leder mig till en skötare.

"Jag vill ha mina saker", och jag får dem, "jag blev lovad att

få vänta utanför på taxin"

"Nej, du, det tror jag inte"

"Jo, jag ska vänta ute! Jag orkar inte vara här längre", hon följer mig utanför avdelningen, står kvar en stund.

"Det är så sorgligt, du som är så ung..."

Tar tre tior Stesolid i taxin, somnar mot de mjuka skinn-sätena.

Senare sitter jag med en skuren handled, undrar i tystnad varför. Natten på vuxenpsykiatrin var lång. De gav mig mycket tid att tänka, det var ingen bra idé att jag sov över där. Självmordstankarna var så intensiva, har inte tänkt på det på mycket länge, men någonting i mig ångrar nu att jag inte tryckte rakbladet hårdare.

Igår då ambulanspersonalen kom frågade de om jag hade någon familjemedlem eller väninna de kunde ringa? Med tunga tårar nedför kinderna svarade jag nej. Nu är det bara jag. Samma sak frågade de på psyk, då jag blev inskriven och då jag skulle därifrån. Jag samlar tårar bland alkoholen och pillren, kryptiska tankar i min hand.

•

Jag hatar mig själv så innerligt ikväll, jag förstod att det skulle hända. Jag förstod att hon skulle göra som jag. Men det här är inte följa John, det är ingen lek, det är livsfarligt. Skulden svider överallt och jag vandrar rastlöst mellan väggarna här, det ekar och de skriker, de följer mig: **DIN VÄRDE-LÖSA JÄVLA RÅTTA SE VAD DU HAR GJORT, DITT JÄVLA AVSKUM DU HAR FÖRSTÖRT HENNE, DU GJORDE DET HÄR MOT HENNE, DET ÄR DITT FEL, BARA DITT FEL OCH DET FINNS INGENTING DU KAN GÖRA FÖR ATT GÖRA DET OGJORT, DIN VÄRDELÖSA JÄVLA RÅTTA**

Jag skakar och gråter och skakar, gråter och jag kan

inte andas. Jag vet inte vad jag ska göra, förstörde henne en gång för många år sedan, lovade mig själv då att alltid vara en bra förebild. Vem försöker jag lura? Jag är ingen förebild. Jag är ett galet, sönderskuret, tablettknaprande avskum. Jag är inte värd luften jag andas.

Hur kunde jag vara så jävla dum? Varför höll jag inte bara masken? **VARFÖR SKULLE JAG ÖVER-HUVUDTAGET SÄTTA DET I HUVU-DET PÅ HENNE HERREGUD VAD JAG HATAR MIG SJÄLV.** Jag vet inte hur jag ska orka se henne igen. Jag vet inte vad jag ska göra.

Jag måste flytta. Jag måste bort. Jag klarar inte av det här. Jag kan inte vara i hennes närhet utan att skada henne, det finns ingenting jag gör som är gott. Det finns ingenting jag kan göra för att göra det ogjort eller för att... Varför öppnade jag min värld för henne? Varför kunde jag inte låsa alla dörrar? Hur kunde jag vara så jävla dum? För att vi är fortfarande små, vi leker fortfarande lekar, vi leker fortfarande följa John.

Och nu följer hon mig ned i avgrunden. Jag önskar att jag hittat en väg upp igen, då hade jag låtit henne få kartan.

Och kanske jag skulle ge allting tillbaka om jag kunde, kanske betalade jag ett för högt pris för löften att känna mig levande igen. Löften som lögner, lögner som bär mig i tanken men faller lika snabbt. Förklarar att ni är dårar, försöker mildra den stora besvikelsen att vänta. Det räcker inte för mig, aldrig har någon kommit med ett facit och fått mig på rätt spår igen.

Jag har under åren blivit sviken oräkneliga gånger, sett hur de jag älskar blivit främlingar i mina ögon. Kan sitta och räkna upp dem alla. Sanningen är att jag svikit så många fler. Jag har bränt, sårat och rivit sönder vackra känslor, vackra flickor.

Himlen kommer nära ibland, det är lätt att röra vid den. Den känslan, då stjärnhimlen rasar över mig, alla störtar de mot mig. Att förstå konsten att leva, än större att älska, måste vara det svåraste. Hur lätt det är att driva iväg, hur det lätt blir otillräckligt och skört. Då stigarna är snåriga och jag för djupt inne för att ta mig ut.

Vissa betvivlar mina motiv, undrar hur så många år av någonting så svårt plötsligt övervinns av någonting så litet. Ler och svarar att ingenting är tillräckligt och att kampen är långt ifrån vunnen, nu har jag valt mina strider och fäktade och slog mig genom det här året för att bredda mina vingar inför nästa.

Någonting är fel, det känns i luften känns i lungorna känns överallt, någonting är fel. Trodde jag såg henne idag, solen i ögonen. Handen för pannan, med den där jackan, den där gångstilen, det där sättet att se hopsjunken och liten ut. Skulle ge så mycket för att få hålla den handen igen.

När jag flyttade lämnade jag en för stor del av mitt hjärta vid Dalälven. Känner mig kluven, söndersliten, sönderriven av alla känslor som svallar upp. Bara gråter och gråter, för att inte finna någon mening, för att känna mig så förbannat tom.

Har egentingen ingenting med det att göra, men jag känner mig så rädd ända in i hjärteroten. Rädd att jag inte ska finna någon mening med någonting längre, rädd att hamna där igen där på det där mörka stället med blödande och rakbladsrandiga armar, på en campingtoalett nerspydd och vodka och spindlar.

Det känns så mörkt det är så ensamt ikväll. Försöker att inte minnas, försöker att inte känna, försöker att inte vara så fruktansvärt sentimental emellanåt. Kan inte skriva längre och cigaretterna är slut, gråter igen. Är jag där igen?

Där huden blir så tunn, blek att taggtråden som omsluter vener, artärer punkterar den. Sammetsröda tårar letar sig mellan fingrarna, droppar mot det svartvitrutiga kaklade golvet. Blöder genom vita lindor, ler ett vidrigt leende, andas där huden delar sig, romantiken där jag dansar på rakbladets udd.

Att det känns så fruktansvärt oundvikligt och så innerligt förnekat jag vill skrika och slåss för att få någon att förstå att det inte fungerar. Det känns inte rättvist mot mig själv. Vet inte vad jag ska göra vet inte vad jag kan göra, men vad gör jag då allting faller, övertygad att jag inte klarar mig upp själv?

När mörkret är så tätt att det går att känna med finger-topparna. Då det flyter utanför hjärtat och letar sig in med långa rötter, infekterar allting. Vill klippa alla trådar för att det inte ska nå genom mig till dig. Se vad jag gör med dem runtomkring mig, förstå varför jag gör så som jag gör. Är ingenting som jag var.

Inga ord jag kan forma i tal kan nå dig på det sättet jag vill. Jag undrar: kan vi hålla varandras händer utan att drunkna? Kan jag släppa taget med ena handen och finnas vid din sida igen? Vågar vi det?

●

"nu skriver hon och frågar om hon skrämde mig
HAHAHAHAHAHA vilket skämt"
Christel 12-okt-2009 21:17

●

En sådan skamsen hemlighet, så många skuldkänslor att jag kvävs. Samtidigt så mycket jag inte förstår då jag knappt minns någonting. Som en omvänd gloria, sotad och smutsig. Hur kan jag vara sann mot mig själv, sann mot andra på samma gång? Vågar inte se framtiden, känns som en konsekvens av min smärta jag inte vill kännas vid.

Känner mig smittförande, var det verkligen mitt fel? Taket närmar sig och hör om hon som smakar på friheten, förstår inte hur. Det hånar mig. År efter år av psykisk smärta: så okontrollerbart. De säger att det inte finns någonting som de kan göra, vad kan jag göra? Har ingen styrka jag kan lita till.

Om jag spenderade varje vaken minut att ljuga, ovissheten är den värsta, försäkrar mig ständigt om motsatsen, det river som råttor i bröstet. Hur kan jag leva med det här? Kan jag leva med det här? Håret är tovigt, sminket runnet, ångesten ger mig käftsmäll efter käftsmäll. Har svårt att stå upp. Dimsyn och rislampan expanderar. Alla tvivlade på mig, sedan allvaret, sedan ovissheten.

•

Hatet mot honom svider i mina ögon, ringer i öronen, känner det hetta mot kinderna. Minns rodnader, blåmärken och värk. Minns lögner, långärmade tröjor och skärsessioner. Den ständiga rädslan, hur jag förvarade skor på mitt rum för att vara snabb nog ur huset innan han hann få fatt i mig. Hur jag vintertid hoppade från min balkong ned i snöhögen för att slippa möta honom i hallen. Mitt begränsade liv och hans vrede, de stora händerna, de hårda orden, det hårda och förnedrande.

Det kunde vara ett slag, ett hårt grepp om armen, omskakande som gav blåmärken. Jagad, knuffad uppför trappor, nedför trappor, upptryckt mot väggen. Ständig rädsla, fruktan, för att det här var mitt monster. Hoten, de vidriga orden. Att ständigt vara den han sparkade på, nedvärderade och kritiserande.

Det värsta var kontrasterna, ena stunden kärleksfull som raggade med bilen, fiskade, gungade, snickrade tillsammans med mig. Sedan vände det, rosenrasande, röd och svettig i ansiktet, saliven sved mot min hud när han stod framför mig och vrålade mig in i skräcken. Gav mig PTSD, han gav mig ett sådant självhat och självförakt. Alla orden som gjorde så ont.

Utdrag ur en väns dagbok från 2004:

agnes sa att hon skulle sova,

blunda från verkligheten.

ignorera omvärlden, så att hon inte

skulle bli sårad. jag sa

- sov gott.

•

Sitter på det svartvitkaklade badrumsgolvet. Tårarna bär mig inte längre. Med skälvande händer väljer jag omsorgsfullt en rakhyvel jag med rekordsnabbt plockar isär. Siktar, hugger rakbladet i underarmen, fortsätter i en hysteri att söndra mig själv.

Stannar upp, tar ett djupt andetag och betraktar min seger. Blodet pulserar ut, jag river sönder ett badlakan och lutar mig mot badkaret. Ringer larmcentralen, efter det minns jag ingenting, vaknar i min säng.

●

Jag började missbruka tabletter då jag var fjorton år. Begravde min första hamster med Stilnoct brännande i näsborren. Lärde mig snabbt koden till mormors medicinskrin, hennes födelsedag. Smärtstillande, insomning-stabletter, märkte hon någonting? Till slut märkte hon, bytte till ett kassaskrin med nyckel. Började aldrig leta efter nyckeln.

Slutade inte. Slutade aldrig. Inte ens då två främlingar misshandlade mig. Då jag låg mitt på en stor väg och fick ta emot både slag och sparkar för att försöka få mig till medvetande. Släpade mig tillslut till vägkanten och lämnade mig där.

Jag slutade inte ens då jag var så nära, ilfart till sjukhuset: EKG, lågt blodtryck och hög, ojämn puls. Slutade inte ens då det höll på att ta mitt liv.

Skalven efter gårdagen, jag kan inte andas. Är så innerligt, innerligt, utmattad. Lyssnar på Jónsi och försöker att skingra detta. Att en överläkare ser mig i ögonen och betonar ordet *sjuk* är svårt att pressa ur tankarna. En brännskadad beröring vid det ordet.

Krafterna tog slut, bara stirrar. Inga tecken på välmående, tappar färg, jag tappar färg. Dräneras. Likaså håret, det blå enbart grönt nu. Kanske är det därför jag inte vill tvätta det, tycker inte om förändringen. Tycker inte om förändringen inom mig, tycker inte om att inte besitta den där kärleken. Hatar hur allting är distant.

Ringer larmcentralen, skriker ur mig all ångest. Mannen i andra änden är mycket förstående, ger mig numret till akutpsykiatrin i Sunderbyn jag inte kan förmå mig att ringa. Somnar med knivar i magen, vaknar utmattad.

Morgonen var efterlängtad, ringer akutpsykiatrin i Piteå, efter en stund med övertalanden får jag en tid med jourläkaren i Piteå och en sjuktaxi dit. Var där i nära tre timmar, fick en tia Stesolid, för en stund tystnade allting. Log falska leenden och blundade, klistrade fast orden inuti där jag varsamt smeker dem.

Då jag anländer hem sätter ångesten återigen mig i skräck, vrider mig av smärta och *nej, nej, nej*. Tårögd sitter jag framför mamma och *snälla, jag orkar inte mer nu. Jag orkar inte mer. Jag vet inte hur jag ska förmå mig att orka mer, jag orkar inte mer nu. Jag kan inte förmå mig att förstå hur jag kan må så dåligt, jag har aldrig upplevt någonting liknande. Jag vet inte vad jag kan göra annat än svälja mina tabletter, gråta, kräkas. Nej, jag klarar inte av det här, jag orkar inte mer. Vad ska jag göra? Någon, vem som helst, vad ska jag göra?*

•

En medveten dröm. En medveten mardröm. Det finns inga andra ord som kan beskriva dagen i korthet. Har pendlat mellan hopp och förtvivlan, lyckorus och panikartade andetag. Mellan trygghet och oro.

Tvära kast och tillslut slog det andan ur mig och jag bröt ihop, därav skriverier jag ångrat och raderat. Skäms verkligen över mig själv. Över vilken liten och patetisk varelse jag känner mig som. Klockan är 04:54 och jag har dimsyn.

Känner mig liten i en för stor värld. Börjar utifrån och snart arbetat sig till mitten där lilla rädda fostret ligger och vibrerar av skräck inför att stå naken, utan skyddande barriärer. Utan mina lager tunna blad: helt oskyddad inför verkligheten och alla sanningar som skrämmer och hotar.

Känner mig medveten, samtidigt blir verkligheten så krossbar: det är svårt att nå in svårt att nå ut och trots det letar sig det in någonstans ändå och fräter mig utifrån och in tills benen visar sig.

Vill krypa tillbaka in i livmodern, vill börja om. Vill känna den där tryggheten innan det fanns jagade blickar och skuggor, innan mardrömmarna, innan ångesten, innan vanföreställningarna, innan paranoian, innan jag riktigt blev jag. Plåster på plåster på plåster på onda platser, värktabletter för både kropp och huvud. Vad är jag utan det? Vem är jag utan mig? Är jag det?

Det är sanslöst fantastiskt fruktansvärt förfärligt hysteriskt lyckligt vemodigt irriterat panikartat vackert underbart förälskat och skräckinjagande. Spenderat tre dygn med Emelie och vi båda har pendlat mellan en yttre sorts glädje och en ren rädsla för den andras hälsa. Jag överlevde - hon överlevde. Vi överlevde tillsammans.

I mitt hjärta är jag övertygad om att det ska krävas någonting av det mest fruktansvärda för att vi inte skall klara detta. Knappt en hundradels sekund av tvivel i skrivande stund och inte heller då nödlarmen går igång.

Klockan är 01:16 den 17 november 2009: sista samtalet inkom 16 november 2009 01:57. Höll luren mot örat, hörde den välbekanta rösten som blev grumlig i mina öron av allting som skrek där inuti.

Fick inte säga ett endaste ord, men hennes röst brände och ekade. Ekar fortfarande, nuddar vid den glödande vreden, rädd att jag ska säga sanningen.

Jag ska nå himlen en liten stund, en liten himmel där bara jag får vara ensam. En outtalad hemlighet där jag vandrar genom de många timmarna. Sinnena förseglade, min natt, min oöverskådliga tid. Verkligheten ropar genom mjuka vindar där tiden rymmer, tusentals trummor.

Sekunden innan tappade jag bort innan jag förstod. En lina efter den andra, någonstans på vägen fanns någon kommer förstå, världen andas tungt. Kan det vara förnuftet som gråter som får det att droppa så?

Vem andas när allting ett piller till blir ett piller till? Verklighetsflykt och hon håller min hand. Hennes pupiller viskar om två enkelbiljetter till kaos, nu äntrar vi scenen återigen, i all vår glans i en nedsutten soffa, munnar öppna, kroppar ligger i moln med händerna flätade i varandra.

När det ebbar ut, kontrollen försvagas, syrebristen gör sig påmind. Verkligheten knackar på, jag känner mig rädd och vill inte öppna. Det är högt till tak där jag drar en lina till, vägrar vakna. Hon somnar med huvudet i nudlarna, det är min prinsessa.

Min prinsessa, förser mig med kemikalierna, så älskar hon mig. Lämnar henne i nudlarna, sover på en tältsäng. Campar bland tomma kartor, avklippta sugrör, alkoholen.

Sitter på en betongtrappa, barfota, landstingsbyxor, zebra-randigt linne, omplåstrade överarmar, oborstat hår, några dagars runnet smink, röker. En kombi stannar, ur kliver två poliser i uniform. Sen kväll, Boden sover, 900mg. Tramadol i kroppen.

"Mamma, jag måste lägga på nu, polisen kom", lämnar samtalet.

"Hur står det till här då?", auktoritär röst.

"Jo, det är bra, tack", inser att tillnyktringen avtagit.

"Vi såg att du har många sår på armarna och vi ville
bara stanna och se hur du mår. Har du kontakt med
psyk? Hur hamnade du här?"

"Min flickvän bor här, hon har ingen balkong så jag
måste gå utanför porten och röka", paniken,
adrenalinet, tre tior Stilnoct bränner i näsan.

"Ni har inte bråkat? … Man kanske skulle följa med
in för att se att allting är okej?", han ser frågande på
den andra polisen.

"Nej, nej, det behövs inte. Allting är bra", tänker på
all alkohol, mediciner, tomma zip-påsar,
tablettkartor, Emelie i nudelskålen. Tänker: *shit. Shit,
shit, shit.*

"Nej, det ser bra ut, vi hoppar över det", de undrar
om jag kan portkoden och ber mig att ta bättre hand
om mig i framtiden.

"Trevlig helg!", de lämnar mig i den tidiga
morgonen, tänker att verkligheten är så jävla
lättlurad.

De lämnar mig som en blöt liten fläck, skälver av
rädsla, hela kroppen skriker. Så fruktansvärt nära, så
fruktansvärt obehagligt med tanke på allting jag tagit
de senaste dagarna, på allting Emelie tagit och på
allting vi förvarar i den rosa lägenheten. Det var för
nära. Vi ska komma att skratta åt det, men nu är det
hemskt. För hemskt.

"Du?"
"Ja?"
"Jag älskar dig"

"Jag älskar dig med"

"Jag kommer att fortsätta säga det tills du tröttnar"

"Då kommer du få säga det länge", senare känner jag vinden i håret, cigaretter genom passagerarfönstret, The Cranberries – Zombie på hög volym. *Spräng allting,* nykterheten knackar på, hackar piller, sväljer det med grapefruktjuice. Tuggar fyra 54or Concerta. Spräng allting med medvetenheten att inte sova på dagar.

År 2006 sade hon:

"Jag önskar att allt alltid kunde vara blomsterängsdoftande solsken. Men det är det inte... Verkligheten är inte sådan"

•

Hon ringer. Jag springer till busshållplatsen. Det finns ingen tvekan, jag hörde Emelies tysta tårar och nu springer jag. Springer till trots allting hon gjort, trots allting hon gjort kan jag inte neka då jag hörde vad som hänt. Hur rösten tvekade, hennes ben som gav vika och mina som bär. Allting till trots, jag åker till dig hur långt än bär.

Möts av en nedbruten själ. Vi omfamnas, jag vill inte släppa. Hur någon kunde göra så mot henne. Vi köper överfallslarm, placerar dem strategiskt i lägenheten och på nyckel-knipporna.

Jag svarar i hennes telefon, handlar mat, lagar maten och ser till att hon får i sig mat och vatten, hjälper henne duscha, tar fram rena kläder och borstar hennes hår. Om kvällen bäddar jag ned lilla Emelie i soffan, jag vågar nästan inte somna.

Uppmanar henne att polisanmäla, under polisförhöret får jag vara med, hon minns mycket men det är krävande, faller isär efteråt, jag fångar henne. Vi spenderar dagarna i soffan, kedjeröker på den kalla cementen.

Ser alltid till att läget är under kontroll innan jag går ut för att röka, en gång missbedömde jag situationen. Allting faller på mig, det är mitt fel och jag bankar på badrumsdörren. Hon öppnar, sitter liten på golvet, rakbladet på handfatskanten. Jag omfamnar henne genast, tvättar, lägger om. Vågar inte röka ensam på många timmar.

Hon ger mig en karta tior Stilnoct, ber mig gömma den tills sköterskan kommer dagen efter. Jag skjuter in den under badkaret i hemlighet. Det går några timmar tills hon börjar tjata om den.

"Snälla, kan jag inte bara få en?"

"Nej, du måste ha dem tills sköterskan kommer"

"Ge mig en för helvete!"

"Nej! Då upptäcker de att du självmedicinerar!", som svar på det fick jag motta ett måttat slag. Eftermiddagen slutar med att hon får kartan för nu bryr jag mig inte längre. Försöker göra allting, förlorar ändå.

En kväll ringer hennes telefon, dolt nummer, jag svarar. Det är våldtäktsmannen. Kippar efter andan, tårarna väter mig under tiden han skriker i telefonen efter att få prata med Emelie.

"Om jag inte får prata med Emelie så.."

"..så?", modigt svarar jag honom.

"Så slår vi ihjäl dig. Har sett dig ute med Emelie, vet vem du är", han bryter starkt på ett främmande språk och kämpar med att sätta samman meningar.

Emelie hör ingenting som blev sagt, tar telefonen från mig för att spela in samtalet. Han slutar inte upprepa att han vill prata med henne, men inget hot blev inspelat. Emelie skriver på ett papper vad jag ska säga, fråga, och leder samtalet.

Skälver, jag är rädd och tårögd fortsätter jag att upprepa det hon skriver i en halvtimme. När samtalet avslutats väljer jag att inte berätta om hotet, då jag röker håller jag överfalls-larmet hårt i handen.

Polisen kommer för ett kompletterande förhör, de kör ut mig ur lägenheten till vintern. Två timmar i minusgrader ger tid för eftertanke. Det börjar ljusna för Emelie, jag har varit här en vecka.

Efter förhöret handlar vi, under promenaden till affären berättar hon om sexpartners hon hade i september. Det tog slut mellan mig och Emelie i oktober. Jag säger ingenting, ingenting om otroheten hon erkände, kämpar med käftar som låser sig.

Nästa dag är det dags för hemfärd. Hon går till sin terapi, jag väntar några timmar på bussen i hennes lägenhet och ska släppa nyckeln i brevinkastet när jag går.

Jag sitter på den februarikalla trappen och röker när en man närmar sig.

”Hej Agnes!”

Jag hälsar, från ingenstans kommer första slaget. Jag drar splinten i båda överfallslarmen, klockan är 14:30, mitt i ett bostadsområde. Det och många decibel till trots haglar det slag och sparkar om min kyliga kropp. Reser mig, lyckas knuffa honom bakåt, han snubblar på isen och jag hinner in i porten. Jag tror aldrig jag knappat koden så fort tidigare. Låser dörren om mig, faller ihop på dörrmattan.

Ringer alla jag känner för hämtning från Boden, jag vågar inte gå ut själv. Till slut svarar Veronika, jag berättar vad som hänt, ingen tvekan från hennes sida, hon kommer. Jag lägger på, går tillslut i tusen bitar.

Fasaden jag burit under veckan hos Emelie faller, den stora, modiga, brukbara Agnes rämnar. Jag kan inte, jag vill inte mer. Allting jag gjort har varit av godo, fått mottaga slag, elaka ord, missunnsamhet. Vet inte riktigt vad som är värt det. Bara hem.

•

Faller ned, faller hårt på den röda mattan. Hennes ord ekar i huvudet: *"Lisa sa att det var underbart"*, ord som sagts för flera månader sedan. Tar kniven ur väskan, skakar med kälvande händer ut fem femtiofyror Concerta ur metallburken.

Kniven mot mattan, klyver de orangea depot-tabletterna omsorgsfullt, ett hemlighetsmakeri och vidrig, avslagen uppvärmd Cola light av elementet under fönsterbrädan. Fem gånger fem femitofyror Concerta i mitt flickrum.

Känner en mors andetag i nacken, vänder mig om. Det är ingen där annat än den vidriga skulden. Den bär jag med mig förbi henne i vardagsrummet, huden flagnar då jag tänder en cigarett.

Paniken sprider sig nu aldrig eggen mot handleden, smeker den ömt glöden några millimeter från ärren. Den vittnar om den uppenbara svagheten, spricker itu i ett leende vittrar, som anar att morgondagen ljusnar. Slutar räkna varje timme jag varit vaken.

●

Gilmo sön 15 nov, 18:34

<3 .. Har du hört vad som har hänt?

yourdearsister tis 17 nov, 00:31

åh nej... vad har nu hänt? <3

Gilmo tis 17 nov , 09:34

Ulrika har tagit livet av sig .. :(

Concertan håller min hand, så som den gjort flera dygn, nu ännu en sömnlös natt senare loggar jag in på Bilddagboken, läser det ofattbara. Skräcken höjer sin hand mot mig, rodnad om kinden sätter jag telefonen mot örat för att mötas av Nikolais nyvakna röst.

"Vilken Ulrika har tagit livet av sig?"

"Ulrika Nilsson"

"Vem var det?", frågar jag redan besittandes med aningen att det är lilla Ulrika, för att han ska förneka det, för att han ska bekräfta det. Frågar hur hon försvann.

"Lilla Ulrika. Hon hängde sig"

Viker ihop mig på mammas köksgolv och vrålar av smärta i den morgontystade lägenheten. Hjärtat dunkar, händerna skälver. Be mig inte, tvinga mig inte att förstå det här. Ingen förnekelse, så många frågor.

"ULRIKA ÄR DÖD ULRIKA ÄR DÖD HON ÄR DÖD ULRIKA HAR HÄNGT SIG!", genom tårarna vrålar jag av smärta, skriker jag det om och om igen.

Allting runtomkring faller samman, lillasyster Ebba sträcker armarna omkring mig, jag slår dem från mig. Skriker av sorg, skriker mig trött.

"Lämna mig ifred! DRA ÅT HELVETE!", rycker mig från hennes famn, faller i bitar på sängen. Tar av mig glasögonen: *var är glasögonen var är glasögonen var är glasögonen?*

Plötsligt slår det mig att jag har Stesolid i en gömma och jag springer. Letar fram pillren jag gömt för en labil lillasyster, en två tre fyra blir fem blir sex stycken tior smälter under tungan.

"Men lilla vännen, jag hör inte vad du säger", låtsasmoster Efvas röst tonas ut genom telefonen samtidigt så skarp mot min ömtålighet.

Hon förklarar att hon är mil bort, att hon inte kan komma och hålla om mig. Ebba som bevittnat mitt sönderfallande har ringt efter mamma som hittar mig på balkongen där jag panikslaget hopkrupen försöker att hålla fast i cigaretten, tårarna tömmer ögonen på liv – tömmer mig på själ.

Vandrar innan väggarna som en rastlös själ, ibland tar de tag i mig men jag bara skriker. Förklarar förvirrat att jag ska gå hem till min lägenhet, lillasyster Lovis gråter i panik då jag packar väskan.

"Varför kan du inte bara stanna här?", gråter mamma fram.

Porten slår igen bakom mig, höjer musiken i hörlurarna, vinglar några tiotals meter fram och faller sedan ned på snön, tårarna och all bensodiazepin inom mig gör mig svag, sorgen mig förlamad.

Tafatt tar jag upp telefonen – instinktivt ringer jag

Laila. Laila, min kontaktperson från christel, har så länge varit min trygga röst då det stormar, trots att vi inte talats vid på månader skriker allting som finns kvar inom mig efter hennes röst.

”Det är Ulrika, eller hur?”, hon talar lugnt till mig då jag gråter av ilska, gråter av sorg – avsaknaden av hennes famn.

De röda väggarna i min lägenhet tycks skrika åt mig, skriker av sorg, skriker av panik. Låtsasmoster Rakel kommer en stund senare – kastar mig i hennes famn, förtvivlat skriker jag ut paniken, gråter ut ångesten, sorgen. Hon håller om mig tills jag stillas igen och lämnar mig sedan.

Kryper in i det vita sjukhusnattlinnet, ser mig själv i ögonen genom spegeln. Vad som möter mina ögon är ingenting annat än ett blekt skal. Är ingen person längre, är en tom behållare för en själ jag inte känner.

Hon har hängt sig i ett skyddsrum på Älvlugnet. Minns henne så tydligt, det långa svarta håret och den späda rösten. Den brutala sanningen: att hon hängde sig, långt från mig. Långt från mina armar att sluta sig om henne, långt från min röst att nå henne, långt från mig att åtminstone försöka göra det skäligt att leva.

En kall verklighet möter mig den dagen, ingen är självklar. Inget liv är garanterat. Tänder tomtebloss, du kommer alltid att finnas i mina tankar, älskade älva.

De närmaste veckorna försvinner i ett töcken av mediciner, efteråt finns endast minnesfragment orsakade av de massiva mängderna kemikalier jag tvingat i mig för att orka leva. Jag sjunger ramsor - Stesolid, Haldol, Imovane, Stilnoct, Concerta.

Deras vakande ögon lämnar mig i fosterställning iklädd det vita sjukhusnattlinnet då jag orkar låtsas att hon jag ser i spegeln innehåller någonting – och inte bara är ett tomt och ångesthärjat väsen.

•

Sitter i min lägenhet på Hantverkargatan och där bär det iväg, nedåt och åt fel håll. Med händerna mot vitt porslin, kroppsvätskor och andningssvårigheter, frustrerade tårar. Dålig musik och dåliga cigaretter, stirrar rakt ut i luften utan att finna fokus. Stirrar på ärren, känner mitt trasiga innan-mäte, känner mig olustig, obekväm när jag inhalerar, känner mig värdelös som inte förmår mig att ta mig längre. Kortfattade SMS, orkar inte känna allting jag känner då hon inte känner någonting alls.

Några dagar senare inväntar jag en kristallvit natt i mitt flickrum hos mamma, bortglömda mediciner gör den ännu längre. Försöker att inte känna mitt hjärta och för en sekund lyckas jag. För en sekund lyckas jag ta en cigarett i handen och njuter av solnedgången.

Minnen hemsöker mig, vill inte vara sårbar längre, vill inte ha ont. Jag vill att den kristallvita dimman ska sänka sig över mig och skydda mig från den skarpa verkligheten jag tvingas möta nu. Mamma nynnar med i jingeln på TVn, jag hör ingenting, känner ingenting, jag är inte här längre.

"Döden och jag går hand i hand, och jag känner mig så klyven. Det enda jag hoppas är att få bli en ängel. Jag tänker att jag skulle bli älskad, att de skulle minnas mig som något bra."

- Ulrika, skogsälvan 7 september 2008.

•

Dännis 28 November, 20:20

Ja, det stormar om oss alla, men hur många hundra mil vi än är från varandra så vet vi vart vi har varandra. Vi är älvorna och tillsammans blir vi starka <3

•

Livet längtar verkligen: fick den, förhoppningsvis, sista ambulansräkningen idag. Ångestfylld av bara tanken att öppna brevet, jag brukar aldrig bestämma någonting sådant. Brukar aldrig ens försöka, rädd för misslyckanden och ett krossat inre. Men nu ska jag försöka att, jag ska göra allt i min makt att, jag ska verkligen helhjärtat försöka att sluta.

Ärligt talat vet jag inte vad jag har att säga, slut på strategier, taktiker, det känns som att jag ljuger för känslorna då jag strategiskt räknar ut nästa steg. Kan inte annat göra, vet inte vad annat det finns att göra. Nu vet jag att det inte finns någonting att göra, och om det inte är enbart upp till mig längre så förstår jag att det inte är upp till någon längre och att detta kommer att förfalla.

Tårögd med kliande fingrar röker jag hastigt och försöker att slå tankarna från mig, vill *skrika springa slåss* men orkar bara stirra rakt i ingentinget.

Drar håret bakom örat, hårstrån fastnar i den trasiga nageln. Allting är just det: trasigt, sprucket. smutsigt.

•

Idag begravdes våran älva som fällde ut änglavingarna, lilla Ulrika. Känns bekräftat, nu är hon verkligen död. Hon kommer verkligen inte tillbaka, jag tror att du lever på riktigt nu. Självisk som jag är önskar jag att jag kunde varit där och fått ett avslut, du försvann så abrupt och jag fick aldrig chansen att ta farväl. Vila i frid, hjärtat, ta hand om dig tills vi ses igen.

20 mg. Stesolid senare orkar jag sluta gråta. Är uppe

i 70 mg. bara idag. Känner ingen livslust och dödslängtan flåsar mig i nacken, känner mig rädd. Rädd just för övertygelsen att jag står handfallen inför detta, står handfallen inför livet. Jag vill inte dö.

●

"jag ger upp. jag tänker inte förnedra mig mer."
Christel 06:21

●

Haldol och Stesolid är mina bästa vänner idag. Ångesten skriker och overklighetsupplevelserna är så skarpa att jag ryggar tillbaka, med medicinerade kroppsrörelser försöker jag tafatt att ta tag men faller tillbaka i sängen om och om igen.

Det äter upp mig och jag förstår att jag borde, jag borde tvätta håret och tvätta kläderna. Håret står åt alla håll och små dreadlocks börjar uppstå och kläderna luktar kroppsvätskor. Ebbas katt bor hos mig, öppnar gång på gång dörren till skrubben och verkar vara den enda av oss två som frivilligt går in dit.

Rummet är litet, sterilt. Jag får information om vad som skulle hända, fyllde i pappren, skrev under på någonting så skrämmande som för att godkänna avlivningen. De gav henne sprutorna och efter ett tag blev hon lugn. Jag sträcker in handen i buren, hon börjar spinna.

Tårarna strömmar, huvudet blir tungt i min hands om-famning. Stryker henne över huvudet: hon kryper ut lite ur buren och lägger huvudet på min arm och tittar mig i ögonen i flera minuter, slickar mig på armen. Sedan blir det bara fruktansvärt, jag ser livet rinna ur henne.

Borrar in näsan djupt i hennes päls och inhalerar den doften för sista gången. Springer ut och röker cigarett efter cigarett efter cigarett och jag befinner mig i en medveten dröm, den kan jag inte springa ut från. Vi ses i ett annat liv, Hjärtrud.

•

Dännis 19 Januari, 09:00

"Flytta ner till Katrineholm, så jag kan krama och pussa på dig när det är som värst. Flytta ner hit så kan vi till sommaren ta ett tåg till Stockholm och åka fritt fall på Gröna Lund. Flytta ner hit, så har du majoriteten utav dina älvor nära, vi är din andra familj och vi lovar att ta hand om dig."

•

Jag vet att jag borde skriva om ambivalensen, hur man kan hata samtidigt älska samtidigt dyrka samtidigt nedvärdera en person. Om att klia tills det blöder, jag slits mellan motpoler som inte längre är våra motpoler: Vi dras varken till, från, vi står stilla.

Trampar rastlöst, vi cirkulerar och jag håller på att nå min brytningsgräns. Jag orkar inte ha det såhär någon längre framtid, trampar förgäves och försöker att slita mig loss. Det finns en kärlek som håller sig på avstånd.

Klockorna stannar, jag andas i tystnaden, tar mediciner för medicinerna. Kan inte bestämma mig om det runt omkring mig klassas som verkligt. Rött läppstift på den ljusa plastmattan i köket, tycker jag mig se någonting men det är tvärtom. Fastkilad i ambivalensen, det där med ensamheten: vad är viktigast, vad som är viktigast?

Vet inte hur länge mitt hjärta kan bära detta som för blotta ögat är uppenbart destruktivt. Vad gör jag då jag inte är lycklig längre? Vad finns kvar värt att kämpa för? Jag behöver en mening - jag behöver få plats i ditt liv, jag behöver veta att jag betyder mer än tystnaden innan jag vågar gå någonstans.

En kniv i magen, nu är overklighetskänslorna uppenbara. Försöker att distrahera mig försöker att stirra på skärmen samtidigt som samtidigt som samtidigt som: allting faller baklänges.

Hon ser på mig, vet inte om jag att jag vet att hon ljuger. Att hon ljuger, då jag är medveten gör det egentligen ingenting, jag vet sanningen. Men alla andra gånger, då jag är naiv och dum, alla de gångerna jag inte förstår. Är de många? Är de varje dag? Att dra fördel av mitt naiva och dumma jag. Hoppas det aldrig sker igen.

•

Jag existerar inte utan tabletterna. Det är någonting som är fel. Det fladdrar till, med svartmålade och rödsprängda ögon stirrar jag blankt in i det svartvita myrkriget, det är någonting som är fel. Jag är inte såhär, är blek i hyn med skuggade ögon och tovigt hår, jag är inte en sådan där. Kroppen är utmattad och färglös, fingrarna missfärgade med kråkhacka och ärren blånade. Jag är inte såhär.

Det som sätter de djupaste spåren är inte kroppen som förfaller. Tankarna stillas, försvinner in ett töcken. Samtidigt som de skriker och viskar, du är en sådan där. En sådan där som inte är mer än såhär. Kartorna skallrar, sjuttiofem milligram Imovane, jag kan inte vara här.

Om jag är här en promille till, bland allting som gått sönder, jag får inte vara här. Om jag är här en sekund till kan jag lita till att släcka dödstörsten. Dränerad på liv jagar jag än en vit natt och hoppas att finna mig där. Det är någonting som är fel, för att jag är inte såhär.

Några veckor senare hämtar jag ut femtio tior

Stesolid på apoteket. Förlamad står jag med de två obrutna burkarna i händerna. Är detta någonting jag förväntas klara av att hantera? Är detta mitt att bruka på de sätten jag behagar?

Två veckor senare lämnar jag Apoteket med ytterligare femtio tior Stesolid med undran om det finns någonting att fira. Borde jag le nu? Är detta någonting att fira?

Min första impuls då dörren slår igen bakom mig och jag möts av vinterkylan är att le. Att le och springa hem, halsa en liter grapefruktjuice och lägga fem tior under tungan, sjunka genom madrassen, genom golvet, genom mig själv.

Att äntligen få befinna mig utanför och inuti mig själv på samma gång. Tårarna kommer hand i hand med min andra impuls, att springa tillbaka och skrika åt någon att ta dem från mig – att snälla bara ta dem från mig. Att dra mig ur detta helvete jag valt och så väl förtjänar. För någonting större, för att få andas fria andetag igen, för en framtid, för min familj.

Låser handen kring den gröna Apotekspåsen och sätter på musiken i hörlurarna, vandrar tillbaka till lägenheten – en liter grapefruktjuice och senare sex, sju tior under tungan. Är inte mig själv längre, innan Agnes Lundkvists skinn finns ingenting av henne kvar. Jag är kadaver, jag är aska.

●

Fick med mig hasch hem från Boden, trots att jag inte tycker om det kommer jag på mig själv med att rulla en stadig spliff. Inhalerar djupt, håller andan, inväntar vansinnet.

Och vansinnet inställer sig, som så många gånger förut, haschpsykosen kommer krypande, jag försöker att blunda. Öppnar ögonen, en armé av stora spindlar rör sig mot mig där jag sitter hopkurad i soffan, armarna runt benen. Under de stora spindlarna kryllar det av små insekter: spindlar, myror, skalbaggar.

Klär mig i panik, borstar insekter från kroppen, de krälar under huden. Måste ut, måste bort. Lyckas få på mig två tjocktröjor, tar på mig skorna, springer ut. Fan, glömde byxorna, vänder. Spindlarna och myrorna hotar mig, tafatt klär jag mig anständigt och rusar ut genom ytterdörren.

Fan, glömde nycklarna. Hämtar nycklarna, fan glömde handväskan, hämtar den, fan glömde skorna, trär på mig dem. Fan, glömde nycklarna igen, tar dem och låser dörren. Fan, glömde mobiltelefonen, tar den och låser dörren. Lutar mig mot utsidan av ytterdörren av utmattning, fan, glömde handväskan. Lämnar den kvar, springer ut i natten, tappar fokus,

tappar minne, spenderar natten i en lekpark för att
sedan känna det avta. *Aldrig mer hasch..*

●

Vad jag också behöver är de röda dagarna, de vita
nätterna.
Och henne.

●

Han sitter i fåtöljen bredvid mig, den står litet
framför min så att jag kan titta på honom utan att
han ser det och om han lyfter blicken från TVn till
mig hinner jag vända mig bort utan att han lägger
märke till det. Kepsen vilar på hans knä, han för
fingrarna över huvudet, som om han kammar ett
långt hår bakåt. Hans hår är kort, precis lagom så att
det ändå faller.

Vet inte hur mycket längre han är än mig, och
egentligen spelar det ingen roll eftersom att jag aldrig
kommer att stå bredvid honom. Att stå vid hans sida
har jag aldrig önskat, men då jag kramar honom
fyller han min famn mer än tillräckligt.

Att omfamnas av en större famn än min egen är
någonting jag sällan blir erbjuden. Den vågen av
trygghet och tacksamhet växer i mig och bildas till
någonting jag aldrig kommer att hitta nog stora ord
att uttrycka. Det flyktiga, eftersom att jag vet att den

här famnen inte är min att få länge till. Det trygga, han vägrar mig den inte.

"Jag har en tendens att kunna förvandla mig till någonting andra tycker om"

"Hur menar du?"

"De flesta jag träffar tycker om mig, tills de lär känna mig"

"Jag tror att jag fått lära känna dig, och jag tycker om dig fortfarande"

Var bara barn då hon tog min hand och drog med sig mig i fallet mot missbrukets bomullsklädda djup. Jag trädde smultron på strån när det enda som var sant var mörkret och lyssnade ivrigt till hennes mässande om tabletter, pulver och oändliga, vadderade djup, hissnande höjder.

Var ett barn som log mot en förrådande framtid som sänkte ned mig i ljus och dolde den ständigt ihållande kampen. Kampen att få tag i det, kampen att sluta med det och den slutgiltiga, livslånga kampen: att motstå det.

I mitt missbruks gryning finns ingen kamp, allting finns alltid tillgängligt och det är alltid billigt, gratis. Vad barnet med smultronstråna inte lärt sig är att ingenting i livet är gratis och vad hon, med livet som insats, ska få betala sedan.

Och betalat har jag, med pengar, med min kropp, med livsuppehållande mediciner, med inför mitt missbruk: värdelöst knark och med slag till medvetslöshet.

En svartmålad fjortonåring sitter med benen i kors i missbrukets gryning, slutgiltigt kastar hon från sig stråna med smultron för att aldrig mer vara barn och bygger sin första snortdosa. En tom snusdosa med en påklistrad spegel från en puderdosa, en kapsyl från ett läppglans att krossa tabletterna med, två dubbelsidiga rakblad med hudtejp på den ena vassa sidan att hacka med, tre avklippta rosa sugrör att snorta med och ett litet plaströr fyllt till bredden med avlånga tabletter märkta SN 10.

I min framtida nykterhet ser jag tillbaka med mardrömmar i blicken då jag tar den första tabletten i munnen och suger på den tills den blir sträv, rullar den på huden för att få den att torka, krossar den med läppglanskapsylen, hackar ihop den till en lina, slickar kapsylen ren från pulver, tar sats och drar i mig linan med ett avklippt sugrör.

Det droppar från ögonen mot spegelglaset, de kallar dem för tjacktårar. Smaken av det som rinner nedför strupen skall jag komma att älska, jag lutar mig mot kuddarna och för en stund försvinner mörkret. Min första passionerade kärlek var 10 mg. Stilnoct.

Återigen faller mörkret bittert över mig, jag finner mig två år senare i rännstenen i ett av mina röda flickrum med fem tior Stesolid under tungan och stirrar ned på den vita linan. Snortar 50 mg. Stilnoct, glömmer mina sinnen men mörkret sitter etsat i mig.

Som tung, svart tjära klibbar skuggorna mot huden en sen torsdagskväll i september, luften blir till svavelsyra och hånar mina ansträngda andetag, känner hur det fräter i svalget. Det är inga tårar som tjacktårar som faller, det är jag. Det är jag och det är jag som ifrågasätter mina flyktvägar då pulsenm eskalerar till tonerna av Lars Winnerbäck som frågar mig.

Svaret finner jag på skolmatsalens lastbrygga, då jag lämnat mitt hem med en kvarting i ena handen och en rödlinjad påse fylld till bredden med andnings-depressioner till vodkans toner. Vad jag inte vet är att om två år ska jag sitta i Robins famn på den röda

lastbryggan i solnedgången, i värmen av hans armar
runt mig och lägga ned vapnen inför kärleken.

Var ingen rebell som vill utmana livet, jag var en
naken sextonåring med kläderna på som dansade
med döden på trottoarkanter till Lomtjärnsparken
under tiden jag halsade vodkan ren och skakade ur
min rödlinjade vapendragare små och stora vita
piller.

●

"Har du tagit dina mediciner?"

"Ja, jag har verkligen försökt, men jag kan inte
medicinera bort ledsenhet", ringde jouren. Fick gråta
klart under en cigarett efter timmar av rödögdhet.

"Det är kallare ikväll än det var då du ringde imorse"

"...och jag sitter bara i samma nattlinne som då",
vickar på tårna i de gula tofflorna.

"Men... fryser du inte?"

"Ibland tycker jag om att frysa. då känner jag var
kroppen tar slut"

●

Stirrar artigt in i distansen. Jag förlorar, smakar på
det, drömmer om det, längtar efter det. Någonting
under tungan, det finns ingen som kan förstå känslan

då jag står på randen. Helt totalt ensam. De höjer rösterna, de frågande rösterna, de nyfikna rösterna.

Jävla asätare. Ligger här som ett kadaver och de svärmar som gamar över mig, plockar sönder mig i tusentals skärvor för att sedan försöka pussla ihop mig och förstå. Förstå hur jag kunde ligga där, hur jag bara låg där.

Det ena ögat öppet och det andra aningen stängt, lutar huvudet bakåt och spärrar upp ögonen. Slappnar av, fortfarande det drogade uttrycket: var tar huden vägen? Varför kan jag inte stava? Skriver om orden flera gånger, meningarna omkastade, och jag har ont. Röker vita Prince, upprepar orden om och om och om igen, håller den prassliga förpackningen hårt i handen och jag vill inte.

"Åh hoppas att detta inte fick dig att må dåligt"

"Nej då, jag är van vid kaos"

"Ja, kaos är ju allting du vet om, eller hur?"

Öppnar förseglingen på burken och häller ut en av de medicinerna som skrämmer de runtomkring mig, de skräms av min ändrade gång, av mina tunga ögon. Och nästan ingen tror mig då jag säger att jag behöver dem, i skrivande stund kan jag inte andas utan att det gör ont i bröstet. Skälver, fryser, inväntar lugnet. På flyktens sköra vingar ger jag mig ut i mörkret igen.

●

15:52 mot de mjuka lädersätena i taxin - tog jag slut
här?
"Dig har jag träffat förut", jag känner igen honom,
men minns inte.

"På Sunderbyn, jag har tänkt på dig, du kom in efter
din väns död och du ville inte läggas in, så jag
skickade bara med dig tabletter hem"

Läkaren möter mig innanför entrén till vuxen-
psykatrin på PÄS i Piteå, fåtöljen jag sätter mig i är
röd. Samtalet en dimma, det mörknar gradvis
utanför fönstret med de halvöppna persiennerna,
han frågar mig varför. Jag nyper mig hårt på den
bandagerade handleden.

"Under några veckor har jag mått väldigt dåligt och
tänkt mycket på att jag inte har någonting kvar att
leva för"

Han frågar om varför jag valde just det tillfället.
"Jag tänkte på Linnea och jag tänkte på Ulrika och
tänkte att kanske tog de rätt beslut - kanske blir det
för smärtsamt tillslut"

Han går iväg för att tala med bakjouren, jag går med
på att skriva in mig på avdelningen, är tydlig med att
jag inte tänker stanna. Rycker till då dörren till
avdelningen går i lås bakom mig, några minuter
senare står jag på den ingallrade balkongen. En stor
bur med tjocka galler i virvlande mönster. Världen
färgas för en stund röd av solnedgången, jag fryser,
det går en man nedanför. Han börjar springa.

Rummet tillhör det orangea vårdlaget, jag heter numer säng nummer 5:1: vid fönstret. Jag delar rum med en kvinna som gråter, hennes man håller om henne i sängen. Jag ligger under tre filtar och betraktar deras ömhet.

De mjuka och viskande orden, allting jag önskar mig är någon som håller om mig så. Personalen bestämmer att jag får friheter att gå ut ensam utanför avdelningen för att röka, andas in den februarikyliga luften innan jag återgår till den vakuumfyllda avdelningen.

Jag fryser, jag fryser så mycket, har legat under filtarna och stirrat i taket i flera timmar. Dör sakta inifrån, de frågar mig tre gånger om kvällsfika. Jag nekar och vänder ryggen till, de ger mig fel doser på medicinerna och jag blir vansinnig.

När jag inte röker ligger jag sängbunden, somnar tidigt. Vaknar 04:10. De säger god morgon då jag går förbi dem för att gå ut på balkongen och röka, jag undrar: är detta en god morgon? Sjukhusnattlinnet är mjukt mot huden. Förmultnar inuti, vågar inte skrika.

Väcktes igen vid 09:30 av en sköterska som vill ta prover på mig. Hon sticker fel tre gånger. Blodet rann så sakta att hon endast fick ett rör, kunde konstatera att jag åtminstone har någon form av vätskebrist. Lägger om armen, återvänder till rummet med sängen, filtarna.

Vägrar både frukost och lunch, mannen i rummet bredvid börjar plötsligt skrika. Det lät som att lungorna skulle gå sönder, han slog i väggarna, var säker på att de skulle rämna. Min PTSD höll ett krampaktigt tag om min hand.

Vilar, så fort jag ställer mig upp blir jag så trött och matt att jag måste sätta mig ned igen. Utmattad, blek med mörka ringar under ögonen och en blick som skrämmer mig. Den där tomma blicken, undviker alla speglar, min kontaktperson kommer in i rummet:

"Hur mår du?", jag förklarar det uppenbara.

"Hur känns det att vara här?"

Jag sveper filtarna runt mig.

"Jag dör inifrån här, jag ska ut idag"

Innan jag ska in på läkarmöte sätter sig en sköterska hos mig, hon säger att hon ska vara med på samtalet med läkaren. Jag minns inte om jag ens hälsat på henne tidigare, hon berättar att hon har hört att jag vill bli utskriven idag:

"Det läkaren nog kommer ha svårt att släppa hem dig för är för att du kanske skadar dig igen", Minns inte vad jag svarade.

Läkaren bedömer att - trots de allvarliga omständlig-heterna - att släppa hem mig. Vid detta laget är allting jag existerar en grå sten, kall och hård, kompakt, tung av fångenskap. Jag packar min väska blir upphämtad.

De gråter och ber mig genom telefonen att stanna,
men jag måste få andas, jag måste få den känslan att
göra någonting annat än att meningslöst stirra i taket
och försvinna. Jag måste få smaka på liv, var vet jag
inte, men vad jag vet är att det inte är här.

"Åh vad skönt att få komma ut! Och att få gå längre
än den där", jag pekar mot ett rökhus.

"Men igår...?", hon bredvid mig talar till mig med en
frågande röst.

"Igår ville jag inte gå någonstans alls"

Vi lämnar sjukhuset. alla tårar till trots, jag gråter
inte. Jag är fri.

•

*Önskar att jag kunde förklara, att jag fick chansen att
förklara, det står någonting i vägen. De ser på mig som om
jag ljuger. Det står någonting i vägen, hamnar ständigt längst
ned och jag önskar att jag vore mindre än jag är. Att jag
krävde mindre: att mitt medvetande och dess förödelser var
mindre. Vill ta tillbaka allting för att jag inte vet vad jag ska
göra nu, ja, jag vill ta tillbaka allting för att jag inte vet vad
jag ska göra nu.*

*Undrar hur länge det kommer att ta, undrar hur lite det ska
krävas, undrar hur ont jag får ha innan jag är tillbaka i de
små, vita, sterila, antiseptiska rummen. Innan de lyfter in mig
och kör mig långt bort, in i skogen bland de planterade träden.*

Kalla och stärkta sängar, jag vill minnas sist jag låg där. Jag låg bara stilla och blundade rakt genom de fiskbensmönstrade väggarna, Rakt genom den planterade skogen utanför, jag vill inte tillbaka, jag tror att jag stannar här.

Plötsligt föll det över mig, svimningskänslorna, blekheten, frossan. Kunde inte koncentrera mig på texten framför mig, allting jag ville göra var att falla ihop i en liten blöt pöl på golvet. Smälte ihop med den röda mattan. Jag har svårt att förstå det jag skriver nu, en cigarett och omgiven av täcken och kuddar.

Psyk: *Hur är det då?*

Jag: *Jo, det är väl inte strålande. Jag känner mig rädd och paranoid och har varit tvungen att ta Haldol varje dag i flera veckor nu, och jag sover hos min mamma eftersom att jag inte vågar vara ensam.*

Psyk: *Jag vet som inte vad mer det finns att göra.*

Jag: *Ge mig bara min Haldol så blir det bra.*

Psyk: *Ja, jag fixar recept på Haldol och Imovane, i första hand.*

11 januari klockan 00:26 ringer jag Akutpsykiatrin. Får prata med en lugn och förstående kvinna, de vill lägga in mig, jag vägrar, akutmedicinerna börjar verka, röker. Varje minut känns som en evighet, själen gör så ont, dubbelvikt spenderade jag de första timmarna av dagen. Tar en kopp te med vardagsstödet. Sängbunden med knivarna i magen resten av dagen, lyckades behålla en banan som mat, somnade och sov hela natten.

*Har nått min brytningsgräns, fryser, skakar. Händerna är
grå och lila, ärren som slingrar sig runt armarna skiftandes i
blått. Kan inte minnas den senaste gången jag kände mig så
tom, så använd, så fruktansvärt fel. Kritiseras nästan varje
vaken sekund: att jag inte tar hand om mig. Men hur ska jag
veta hur jag kan ta hand om mig då ingenting jag känner till
fungerar? Då livet vänder mig till en annan person och sedan
tillbaka igen? Sitter med runnet smink och en stormande
mage som vägrar och vägrar, fötterna värker men allting jag
vill är att springa, långt bort från mig.*

●

Händerna skälver och tårarna lockar. Idag är det två
år sedan Linnea hängde sig. Jag lyssnar på hennes
skriva med Nikki Sixx, gömmer mig i den vinröda
fleecetröjan jag fick av henne.

*"detsamma lilla hjärtat. njut av livet, din familj och allt vad
helgen har att erbjuda. kram å kärlek. allt kommer att bli
bra ska du se"*
från: Linnea (kp) 26/10 2007 10.41

Hur allting kan förändras samtidigt som det står still,
hur jag kan vara där jag var för flera år sedan
samtidigt som jag färdas. Hur jag kan gå baklänges
samtidigt som ingenting förändras. Vill jag vara hon
jag är nu? Vill jag vara som någon som jag? Och även
om jag skulle sluta mig igen, stannar jag då kvar?

Förvirrade tankar mot morgonkvisten, kaffet ger magont och ångesten river. Finner bilder på henne. Jag kan inte förstå min sorg, jag kan inte sörja klart, jag kan inte finna lugn eller frid, det skriker och ekar inom mig efter henne, efter dig Linnea, minns du hur det var? Jag minns hur det var. Jag minns första gången jag såg dig, men inte den sista. Och tårar och tårar då Laila rusar in i lägenheten: omfamnar mig hårt - panikgråter att *Linnea är död Linnea är död*.

Jag vet inte vad jag ska skriva längre det känns som att allting är sagt. Idag är det den fjortonde. Den fjortonde varje månad sjunker jag lite till, för alla gånger jag hungrat längtat efter att dö. Idag står jag i mitt svarta linne, mörkröda strumpor och känner livet, känner hur hjärtat slår, tårar brännande bakom ögonlocken.

•

Och jag skriver: skriver om nallepuhrummet. Om den halvstora, halvgamla kvinnan med axellångt blont hår, skriver om skrik, om djuren i hagen på andra sidan vägen, om den bleka flickan med långt mörkbrunt hår. Om frågan var man röker, om spegeln i höjd med höfterna och det gröna rummet. Om vansinnesvrål och ångestkramper. "Har du någonting att skada dig med?", om den lilla gula villan bakom träden från bron i BOZ-bussen. Minns ni?

Kaffekopp på kaffekopp, längtar efter vita gardiner till fönstret i vardagsrummet. Känner att jag måste

hålla händerna sysselsatta för att inte falla tillbaka i
känslorna igen

Fingrarna dansar över tangenterna, bordet i
mormors gästrum litet för högt. Dansar så att jag
glömmer tangenter, klöser upp sårskorpor, blod
över träet. Tänker högt och ingen att dela det med.
De säger att det syns i ögonen, våren, jag undrar när
jag kommer att börja känna den. När jag kommer att
börja känna allt det där de säger att jag är, allting de
vill att jag ska vara.

●

En vit natt av vila, osäkerheten om morgondagen
gör mig rädd. Det fanns en procent och den kan
avgöra allt, avgöra ensamheten. I ett ögonblick av
klarhet - detta går inte mer. Kan inte mer. Inte detta.
Det svider i ögonen, tårarna som trängs, kroppen
skriker: vrålar, är så utmattad, så dränerad på hopp.

Det droppar på sjukhusbyxorna, små mörkblå
fläckar. Sorgen stryper mig, och jag har ingen att dela
den med. Det föll över mig, jag kvävs. 4¢-Fluoro-4-
[4-hydroxi-4-(4-klorofenyl)piperidino]butyrofenon
och 5-Fenyl-7-kloro-1- metyl-1H-1,4bensodiazepin-
2(3H)-on och jag ringer jouren.

Det knyter sig i halsen, saxen i magen klipper,
klipper, klipper. Hon har fått sina vingar.

Kära Ulrika, det gör bara så ont. Det spelas upp om

och om igen, jag famlar efter en hand men finner ingen, någon att dela sorgen med. Söker tröst, finner ingen. De säger att du har fått dina vingar nu, att skogsälvan blev en ängel. Säger det som om det vore en tröst.

Minns då du kom upp ur källaren med alla dina mjukisdjur i famnen, berättade att du försökt hänga dig. Minns då jag fann dig, jag minns dina stora ögon, ditt långa hår, det jag aldrig såg. Det som har etsat sig fast inom mig, är dig i snaran, livlös.

Att aldrig, kära Ulrika, kunna besöka din grav, att jag inte tilläts gå på din minnesstund. Behöver någon, någon som håller min hand inatt.

Sömnen skymmer synen, ångesten vrider sig i magen. Den lilla saxen, sedan kom den bitande kylan in i mig. Bestämde mig för att sova bort monstren, har svårt att fokusera blicken och det gör så ont.

Kniper till i bröstet, saxen klipper, klipper. Lars Winnerbäck sjunger om saker att sträva emot, jag har precis svalt tre koffeintabletter för att orka tänka. För att orka hålla mig vaken. Vet inte vad som händer: men jag vet att jag inte tycker om det.

Sitter i sjukhusbyxor, skriker tyst med galna ögon, ett bröst som inte bär. Saknar min Emelie och hur det var då. Avskyr att röka ensam, sova ensam, vakna ensam. Jag hatar att inte få höra hennes ord, jag saknar att få vara som jag är, jag saknar den jag är hos henne.

Saknar allt det där rosa, jag saknar att dricka min Proviva ur det rosa Coca-colaglaset. Saknar att somna på rygg under det randiga täcket, saknar doften av doftsprayen på toaletten och de rosa spetsgardinerna. Den blå soffan, den inspelningsbara boxen, jag saknar hennes katt och jag saknar att skratta sådär som jag bara gör hos henne.

Saknar att röka i hennes bil med hög musik och att känna känslan att vara på väg någonstans.

Trots att man inte alltid är det.

Det gör ont i kroppen på ett konstigt sätt. Jag vet: men jag behöver få ur mig detta, Jag måste få vara så patetisk som jag känner mig för en stund. Jag borde tvätta håret. Lyssnar på Placebo, skriver menlösa saker för att fylla utrymmet. Ibland glömmer jag att ta mina mediciner bara för att känna vem jag egentligen är, det låter märkligt och kanske har jag ingen rätt att försvinna bland dagar jag inte lever.

●

Ångesten sliter och river, ont i magen. Håret har blivit långt. Nu har den sista sårskorpan läkt, symboliskt i mig, nu finns bara minnen kvar. Inga bevis, ingenting som vittnar om det. Krigsrester som ärrvävnad, hudveck, minnesfragment inuti, utanpå.

5-(2-Klorofenyl)-7-nitro-1H-1,4-bensodiazepin-2(3H)-onoch 5-Fenyl-7-kloro-1-metyl-1H-1,4-bensodiazepin-2(3H)-on och stora flickor gråter inte. Om och om och om och om igen, gå ut och röka och dricka mitt kaffe svart.

Den nya medicinen känns i hela kroppen, ångesten finns fortfarande kvar. Kvävningskänslorna går inte att medicinera bort. Ett sargat hjärta går inte att medicinera bort, det går inte att dricka bort, det går inte att knarka bort. Det går inte att springa från, det går inte att skära bort det, det går inte att fly då det är överallt. *Överallt och skakar hela min värld.*

Falska känslor, fabricerade leenden. Ett komplett lugn samtidigt stormar det, andas in och andetagen tar slut där. Jag kan inte se en dag efter imorgon, jag kan se att jag behöver köpa en större dosett.

Kan se att burkarna blir fler och fler, jag kan se att besöken blir tätare, jag kan se oroade blickar, jag kan se samtalslistan eka.

Det går inte att vinna mitt i en förlust.

Jag: ♥ Ritalin♥

Legion: Ritta is niiicee. I like the RUSH when it comes kicking in ♥ Omg. Feel rather aroused. I probably sound like an old junkie. I AM an old junkie ♥ Du ha Ritalin geri? Go you.

Jag: I has Ritalin just nu ♥ Fan vad jag ska skriva! I am a not so old junkie.

Det är måndag, ger från mig ett gny av lycka, ett efterlängtat brev. River upp det gula kuvertet, de små paketen tabletter, kapslar: Ritalin. Det var längesedan jag hade vind under vingarna, 130 mg. och släpper taget, flyger. Skriver natten genom, njuter. Välbefinnande i sin högsta grad, har saknat att andas genom fingertopparna, det svärtade på det vita. Dricker kaffe, röker mer än jag borde, stirriga ögon, kroppen vibrerar. Natten blir morgon, det är tisdag. Sammanlagt 320 mg. Ritalin på tolv timmar. Avtändningen gör mig ostadig, hjärtat slår häftigt och händerna darrar, tankarna rusar, illamåendet påtagligt.

Jag: Alltså, jag har tagit 40 mg. Stesolid, 6 mg. Iktorivil, 1300 mg. Gabapentin, 3 mg. Haldol och jag tar mig inte ned. Frustrationen!

Legion: Fixa lite braj. Eller lägg in dig ganska snart. You are about to crash and burn baby ifall Du inte taggat ned på SOOO MUCH meds

Jag: Jo, känner igen det från Concertan..

Legion: Du borde nog ringa redan nu. Om Du inte vet att

Du kan få tag på brass nästan direkt?

Jag: Ska äta en blodapelsin och göra andnings-övningar. Det måste gå.

Legion: Du får komma och ta rent och starkt riktigt tjack med mig nån gång när jag fått Stockholmsvisit.

Det är bättre än att trippa på ADHD-meds. Blir själv mest psykotisk efter ett tag på Ritta.

•

Vaknade, gnuggade sömngruset ur ögonen, värmde på gårdagens kaffe och öppnar balkongdörren. Alldeles bredvid min balkong, på andra våningen, står vaktmästaren i en skylift.

"Hej!", han ler mot mig

"..godmorgon", jag muttrar.

"Jaså! det är godmorgon nu?"

Skyliften har fastnat precis ovanför min balkong. Dricker mitt avsvalnade kaffe och undrar vad han gjorde där, väntar på vardagsstöd som ska hålla mig sällskap då jag diskar. En ömsom lugn, ömsom stormig natt. Vaknade av väckar-klockan för första gången sedan jag flyttade tillbaka till Hantverkargatan.

Legion: Hörrö? Om allt går i lås imorgon enligt planerna. Då blir jag tvungen att portionera ut åt dig... Du får 6 Attentin till att börja med. Om nu allt går enligt "ritningen", ska dejta imorgon förmiddag.

Jag: Jag säger väl okej. Kan väl inte säga annat eller hur?

Legion: Ska jag börja skicka 15 stycken till en som trycker i sig allt på fem röda minuter? Skulle inte tro det...

Iklädd mammas tonårsnattlinne med Musse pigg och Mimmi pigg, sunkiga svarta mjukisbyxor: Hello kittystrumpor, ska jag våga mig ut på balkongen igen och se om han gett sig av för att få ta god morgoncigaretten i lugn och ro utan betraktare.

Lyssnar på Lars Winnerbäck och skriver, skriver bättre än någonsin. Någonting inom mig vrålar, skriker, så jävla högt det bara går. Håller ihop, håller ut, håller igen. Håller ihop och djupinhalerar och försöker att inte låta någon av mina ilskor sippra ut. Fryser, solen skiner men här är det kallt, röker med ivriga fingrar. Sedan skriva. Skrika.

Ibland ser jag bara sten, det känns nu. Det känns så rysligt nära nu, jag försöker att röka bort det. Dricker mitt te och tar vid behovs-medicin men det kryper så skrämmande nära. Så tydligt. De kyliga känslorna.

För en timme sedan var jag säker på att jag skulle ta mitt liv, för en timme sedan satt jag med benen i kors och räknade tabletter, för en timme sedan plockade jag sönder rakhyvlar och siktade. Nu sitter jag här, ett totalt lugn genom mig, känner blodet rinner mellan mina fingrar.

Ögonen är tårade, jag borde gråta nu. Varför gråter jag inte nu? Kan jag rättfärdiga det? Alla känslor utom en. Alla känslor utom den. Rysningar genom hela kroppen. Känner mig tom, samtidigt så fylld, av mörker. Av skuld.

Direkt jag slöt ytterdörren om mig föll det över mig, det som smugit runtomkring mig hela natten. Paranoian, känslan av att snurra runt och runt, känslan att det alltid står någon bakom. Någonting efter golven och det sprider sig en stank runtomkring mig. och sedan oron, en timme och femtiosju minuter sedan.

Rädslorna, oron golvade mig på hallmattan, grät hysteriskt och okontrollerbart flera minuter innan jag hasade mig till balkongen och ringde jouren. Hon lyckades på något magiskt sätt lugna mig under två cigaretter, för en stund, innan tankarna kommer.

Lars Winnerbäck och jag hänger upp mina trygga gardiner i köket, plockar fram ljusstakarna jag fått av olika personer med kärlek och omtanke, rotar fram fotografierna jag tidigare ville glömma. Nu försöker jag minnas utan att det ska vara smärtsamt, jag måste hålla fast vid det förflutna då jag inte kan se en framtid, just nu.

•

"Hej det är Agnes", jag biter på nagelbandet.

"Hej Agnes", Inger på jouren svarar.

"Det går inte så bra för mig nu..", nagelbandet blöder.

"Gör det inte det?"

"Nej, och jag orkar inte vara kvar här längre"

”Vill du att jag ringer upp?”

”Nej, jag vill komma över en stund”, mitt hjärta rusar.

”Alltså... hinner du det då?”

”Va?”

”..jag ska börja dela mediciner om en halvtimme”

Någonting dog med det meddelandet, den där lågan. Och benen skakade, ögonen torra, läpparna spruckna. Samma verklighetsförvridning som tidigare idag. *60 vakna timmar, 60 intensiva timmar.* Stressen har hunnit ikapp mig, förstår hur jag förstört mig själv. Ångesten, manin, paranoian, rastlösheten, medvetenheten, de stora minnesluckorna. Rädslorna, oron, tårarna, skräcken, skulden.

●

En äldre man kommer gående med kryckor och stannar mig mitt i övergångsstället vid Konsum.

Man: Jag har sett dig tidigare och alltid undrat hur du får håret att se ut så?

Jag: Ja.. man struntar helt enkelt i att borsta håret.

Man: Det var bara av artighet jag frågar, jag tycker att du har fint hår. Hur får du det så?

Jag: ..man borstar inte håret?

Man: Jaså, tänka sig. Dagens unga. Då får du ha en fortsatt trevlig dag.

•

Ingen tar sig in i mina mörka rum, varken Klona-
zepam eller Diazepam eller Perfenazin kan stilla
gråtfärdigheten. Jag vill bara gömma mig, gömma
undan allt detta. Inser att om jag undanhåller mitt
mörker så sitter jag här tom, med gråten, som om
dunklet uppfyller hela mig: hela mitt allt. Så sorgligt,
står på tå och når precis ovan ytan. Så tyngd att jag
vet att om vågorna stiger - sjunker jag. Nu svarar hon
'hej' på MSN och jag gråter av lättnad.

Ryggen mot det där mjuka, bandage överallt.
Försöker att se utanför, nu blir benen svaga och
sältan tränger sig på, varför gör du så? Känner
överallt på kroppen. Känner mig, använd,
bortkastad, förmultnad i den bakre delen av dig.
Magen vrider sig, allting för att förhindra hennes
självdöd och jag förstår. Paniken är så påtaglig att jag
blir rädd.

Och jag hade svårt att sova för tankarna, svårt att
värja mig inför de uppenbara känslorna. Det var så
längesedan nu. Försöker att skriva, försöker att vila,
skrien efter förändring, skrien efter förnedring. Jag
tror att det vackraste vi hade var då. Försöker att
berätta men orden lugnar mig då de endast finns
inom mig, om det, om honom. Försökte att berätta
innan lugnet nådde mig, smärtor i bröstet som
tvingar mig att sitta ned.

En bris av ledsenhet mot min hud där jag sitter på balkongen med en röd Right och undrar vad jag skulle säga åt dig om jag fick chansen.

Stirrar in genom mina ögon i spegeln, det är skrämmande, det där, hur tom jag är. Ljud av fotsteg, vänder mig om. Vänder mig om från drömmar om ljusröd cellofan vänder mig från knogar som vitnar vänder mig från magiskt vänder mig från en ljus framtid vänder mig från ett svek vänder mig från dig vänder mig från den där känslan att bara stå still. Utanför hör jag andetag, snabba skuggor.

Små rum, små mörka rum. Små fotsteg försiktigt små andetag, inga felsteg nu i skörheten. Trippar fram och smakar på osynligheten, telefonen vibrerar tar ett steg tillbaka en verklighet tillbaka. Så se på mig lovar att du inte når ytan, små mörka rum. Flyr in i sömnen som lockar.

Fastklistrade leenden, kylan tränger sig på inifrån. Obekväm innan mitt sminkade yttre. Fasaderna och murarna är högre än någonsin, en längtan bort härifrån, från den här byn, de här människorna. Bort från scheman och vardagsstödjare, från dosetter och klirrande flaskor, känner mig äcklad av hela karusellen.

Legion: Stackars flicka som aldrig tagit riktigt tjack. Vojne Vojne Voi Voi!

Jag: Stackars mig då..

Legion: Jaa! Det är det. Faktiskt. Som skillnaden mellan kanelbulle och gräddtårta.

Jag: Rädd bara att om jag skulle få smaka gräddtårta så skulle jag aldrig nöja mig med kanelbulle igen.

Legion: Nä men vettu man käkar kanelbulle med glädje ändå. Men en saftig bit tårta sitter fint ibland. Och det är verkligen something else.

Några veckor senare, två gram senare. Jagar kicken tjacket ger. Jagar den desperat, jag är en sådan jävla nybörjare på sådant. Två gram gratis, frankerat och klart. Ritalinet uteblir, jag saknar det inte, jag har aldrig flugit högre.

"Är du säker på att du aldrig tagit förut?", Legions förvånade röst och tvivel. "Tänkte eftersom du frågade om det var pulver eller kladd, det lät som att du visste vad du pratade om"

Ett gram senare, ett halvt dygn senare, drar jag min sista lina på toalettstolslocket, slickar rödlinjepåsen ren. Ljuger för honom, han sade att det skulle räcka en vecka. Tretton timmar, fyrtiotre minuter, senare rinner välsmakande vätska i svalget, åh så förälskad, jagar nästa höjd.

Förälskad, inget Ritalin, ingen Attentin, ingen Concerta ger det välmåendet jag funnit. Förälskad, aldrig trodde jag att jag skulle överge mina opiater. Är kär, inser nu, frångått min princip: aldrig, aldrig någonsin tjack.

Sluter läpparna runt borderline'ens enorma kuk och suger hårt, precis som en duktig hora ska göra. Insuper varje vit vind och vältrar mig i mörkret, tar inte humörsvängningarna som de är utan omfamnar dem, drar dem till sin spets.

Eldar med onda tankar och driver min omgivning till att de faktiskt överger mig. Tomheten är bedövande, allting jag känner, ilskan och utbrotten är färre men nu kliver jag över krossat glas, skrikande ångest som ligger utspralat över köksgolvet.

Känns som om jag flagnar, krackelerar, huden faller av och blottar någonting jag aldrig sett förut som gör mig gråtmild. Vem ska trösta mig?

Jag hör grannen duscha, fryser i vindarna av bordsfläkten. rädd att de ska vara i sängen, går i sönder i tusentals isbitar och väntar hoppas snälla ring ikväll. Undrar var hon försvann, det var jag och hon, hon och jag och hon som försvann. Är livrädd då jag inte får tag på henne. Jag vet inte om jag vill, jag vet att jag vill och det gör mig vettskrämd. Hon är utom räckhåll för mig lika väl som för andra. Det är nog vad som skrämmer mig mest.

Såren börjar läka och snart är de bara ärr, 52 dagar skadefri känns som en evighet samtidigt så nära inpå. Varmvattnet tog med sig de flesta skorporna, det såret, det ärret: har redan läkt. Irriterar då jag stryker över huden, det som påminner mig om det, om, och jag skulle ge allting för att aldrig hamna där igen.

•

Drar håret bakom örat, hårstrån fastnar i den trasiga nageln. Allting är just det, trasigt, sprucket, smutsigt. Slår mig vanvettig, det slår mig, jag har aldrig bett om någonting lätt men jag tror att jag gör det nu. Motsatsen till hur det var är hur det är nu och jag vet att även det tar slut någon gång.

Sitter med tvivlen och det känns som om jag bara går runt, runt på samma plats. Och tar mig ingenstans. Sitter här med fina naglar och söndertuggade läppar med oavsiktliga ätstörningsbeteenden, händerna fulla med tårar, går bara runt här.

Det var så igen, de skrattade, jag såg inte komedin. Nu, det hände igen. De skrek, de skrattade, du skrattade, du levde. Ser den trasiga komedin, det gör inte du. Vet inte om jag orkar att bli mindre igen. Jag älskar dig men jag tror dig inte.

Har glömt. Det där livet. Det där livet där jag var lycklig och inte tvivlade på någonting. Vind i håret och hög musik och en genuin lycka som tog över allting. Har glömt det, och det känns fruktansvärt. Inte glömt känslan, har glömt hur jag tar mig dit.

Har glömt hur man gör, hur jag ska, vad jag ska ta

mig till. Och det gör mig innerligt olycklig, känner mig fången. Som om jag inte kan få vara sådär fri igen, saknar det, saknar det så fruktansvärt mycket.

Undrar till vilken nytta jag fortsätter såhär, inte medicinerna. Ni vet vad jag talar om, det är så långt från mig nu att jag knappt kan minnas. Förra gången var en slump, någonting ytterst slumpmässigt. Som räddade allting, som räddade mig. Vet inte vad jag hade gjort utan det och jag vet inte vad jag gör nu. Jag förstår inte hur jag orkar, ingen annan förstår hur jag orkar. Jag vet inte, kanske vill jag inte längre. Kanske har de rätt. Det är allting jag lever på.

En kopp kaffe och oräkneliga cigaretter senare sitter jag och skälver. Längtar hem till Hantverkargatan och det röda rummet med den rödbäddade sängen, vill vara sådär snäll. Sover så oroligt nu, hoppar över mediciner och känner mig ur balans. Längtar ut till våren, det är svårt att se hur mycket jag förlorar varje dag. *Jag når inte dit.*

●

Robin: Agnes?

Jag: Ja?

Robin: Kan vi titta på porr?

Jag: Robin, nej.

Robin: Men om vi har ljudet av?

Jag: Fortfarande nej.

Robin: Men om vi bara har ljudet på?

Tar en kall dusch, jag bara önskar att jag fick finnas där. Att jag fick vara lika viktig som de andra är, att jag fick möjligheten att betyda, att förändra. Naglarna flisar sig och den franska manikyren är inte lika fin som den var för några dagar sedan, håret är platt och livlöst. Jag känner mig inte som mig själv.

Det är lätt att le och inbilla sig själv och omvärlden att det är bra. Kanske förväntade jag mig, och nog alla andra, Att flytten upp skulle göra stor skillnad i mitt liv. På vissa sätt har den gjort det, men på många sätt inte. Jag vet inte hur jag ska förklara, eller varför jag ska förklara överhuvudtaget. Men det är någonting som hänger över mig, ett ständigt någonting, som påverkar allting jag gör, allting jag säger och allting jag inte säger och allting jag inte gör. en ständig rädsla, en ständig oro. En fruktan.

Gjorde jag rätt? Vad hade jag kvar? Hela mitt liv var på låtsas. Nu vet jag inte vad som är på riktigt, jag har varit en lögn för länge.

●

För att hon sa:

"Du är bland det vackraste jag sett

trots allt mörker som omger dig.

må du överleva i denna vanskapta värld."

Det finns saker i mitt liv som fyller tomrum

samtidigt som de fräter större hål jag desperat försöker att fylla med annat. Motsägelsefullt och destruktivt. Jag känner mig sjuk men förstår att jag är dränerad. De säger att jag ser sliten ut och jag kan inte annat än att hålla med.

Har så svårt för att känna såhär. jag har så svårt att vara såhär. Jag trodde aldrig jag skulle vara den personen jag är, att trampa över varje viktig värdering, att fimpa min själv-respekt, och vad får jag igen? Vad får jag för det? När jag offrar mig själv så djupt? När jag förkastar hela mig?

Förstår inte mina tankar, har haft en fin dag. Känner mig så oerhört obekväm i mitt eget skinn. Känner mig orolig, obehaglig, jag känner mig inte bekväm med att vara vaken. Längtar inte efter att sova, vill inte bo hos mamma, känner mig, av någon anledning, obehagad av att ha ett eget hem. Institutionaliserad.

Djupinhalerar och lyckas behålla tålamodet, men det är allting jag har. Krossad inuti under den levande ytan. Krossas varje dag av ignorans, av ensamhet, av känslan att stå ensam mitt i detta utan någon som bryr sig alls. Med vetskapen om att jag skulle kunna försvinna och gå obemärkt förbi. Det finns ingen som längtar efter mig nu och vem skulle då sakna mig? Genuint sakna mig?

I skrivande stund med tre Stesolid under tungan till ett patetiskt försök till lugn. Livslusten rinner ur mig, jag undrar upprepade gånger om jag verkligen kan

ringa och tala in på telefonsvararen att jag inte vill
leva längre. Om jag skulle gå

obemärkt förbi?

Stirrar rakt genom skärmen, undrar var det tog
vägen. Det där jag hade igår, skrev om våld och
pistiller och fågelkvitter. Nu har jag lyssnat slut på
Melissa Horn och huvudvärken tornar upp sig.

Bokstäverna på tangenterna är kursiva, känner mig
förvirrad och vet inte om det ska vara så. Röker mer
än jag har belägg för, blodtrycket dippar, jag
övervägde en promenad men återvände till sängen
med feberkänningar och en över-väldigande
matthet.

●

Väcks ur ångesten av en duns på hallmattan, brevet
jag väntat på i nästan två månader. Ett tyst pip av
lycka, trots att jag är ensam låser jag badrumsdörren
om mig och river upp kuvertet. I min hand ligger två
rödlinje-påsar tjack, ringer Legion som utlovat. Det
lyser i ögonen av iver och ångest, tycker mig höra att
han förklarar de olika färgerna på pulvren, sedan hör
jag ingenting.

Lovar att dra en mindre lina än vanligt, efter en tid i
frustra-tionen att inte känna någonting blir linorna
fler, större. Fryser om händerna, hjärtat slår.

Jag: Upplevde det lite "färgade" pulvret som starkare än det vita.. Men det kanske var det du sa? Har glömt nu, haha..

Legion: Det jag sade var att man ABSOLUT INTE fick blanda på ett och samma dygn. Att det var en två dygns-konsumtion.

Jag: Trodde det bara var en rekommendation..

Legion: Skitsamma vilket som var starkare. Men jag sa till dig FLERA gånger att det var olämpligt och skadligt att blanda. Ja. En rekommendation betyder att det inte något man ska göra. Inte att man kan göra det om man vill. Det är inte lönt att försöka säga någonting alls. En vacker dag ligger du död. Fan också. Hur i helvete tänker du? När jag va betydligt yngre lyssnade jag med respekt, just den respekt du tidigare ikväll påstod dig ha, när någon äldre och mer erfaren påpekade någonting. Hade man släppt djävla heroin i händerna hade du tagit exakt allt oavsett vad man sagt var lämpligt. Där var min nattsömn. Det här går inte längre. Vi får sluta med det. Jag kan sluta också bara för att du också gör det. Så viktigt är det inte för mig.

Jag: Jag lyssnar, men fick inte uppfattningen att det var så viktigt. Trodde du menade att det var lämpligt att ta det över två dagar på grund av dosen! Kan du förklara för naiva odödliga jag varför man inte skulle blanda dem? Och nej, jag förstår att det är viktigt att lyssna.. jag bara missförstod..

Legion: Och så typiskt. Logga ut. Och sluta svara. Jag är arg av en väldigt välgrundad anledning. Och det var väl inte toppennyheter för mig att få när jag tillochmed funderat på att skicka två gånger fr att undvika sånt här. Men litade på att du skulle lyssna den här gången. Jag mår ju uruselt nu över att jag inte gjorde som jag tänkte.

Jag: ..men måste erkänna att jag fick mig en rejäl näsbränna nu och PTSDn ringer i öronen. Jag har gjort bort mig rejält, förstår det..

Legion: Nä. Jag sa att man blandar aldrig två av olika sorter även om de är likadana för att det är onyttigt till skadligt för kroppen. Det sa jag fan flera gånger. Så du lyssnar ingenting i alla fall. Jaa, det är att du gjort vad man inte sagt åt dig att göra bara. Nu är det sammanlagt ganska liten mängd. Men du är inte så van ännu och påverkar bland annat hjärtat. Fick ju själv hjärtat i halsgropen. Jag kan vara utan på riktigt utan att luras. Bara för att du ska känna att jag får men inte du. Jag bryr mig så pass mycket.

Jag: Okej, då förstår jag. Ska inte ta mer idag (har kvar i båda påsarna) och förhoppningsvis lära mig något av detta.. Och respektera att du är äldre, har mer erfarenhet och faktiskt vet bättre än jag..

Legion: Ta det bara lugnt och fläng inte omkring. Det var inte så hemskt mycket. Men själv hade jag aldrig ens med sådär litet. Om du känner nåt så är det bara du drar igång för att jag sagt det. Men ökat ångestpåslag, givetvis. Så något som hade kunnat bli bra var ju för sig blev ju dåligt nu. Du är ju alldeles för stressig med intaget. Hinner inte känna efter knappt att du mår gott ju.

Jag: Jag vill bara skriva att jag lyssnar, men jag förstod inte allvaret.. Om jag inte visste att du vet bäst och bara ville vara obstinat och tycka bäst så hade jag ljugit.. Men jag har inte det karaktärsdraget och jag respekterar dig för mycket för att göra så. Nu har jag begått ett stort jävla misstag och kommer med största sannolikhet INTE göra om det..

Legion: Nä. Det sitter i att aldrig ha nån botten och kan sansa dig när du väl har något i händerna. Då är det som att det frikopplas. Det är för att få någon slags vördnad utan jag säger om något är olämpligt/skadligt.

Jag: Förstår hur du menar.. Jag tror att mycket bottnar i att det alltid har gått bra för mig. Varit nära döden någon gång – men jag har alltid varit okej, trotts att jag fått återberättat för mig hur nära det varit.. Kinda odödlig..

Legion: Jo. Många tror ju det gärna. Men ju äldre man blir desto viktigare blir det med försiktighet för att bli ännu äldre.

Och han har så rätt, och jag blir så rädd. Drar en sista lina och kapitulerar i sängen med Melissa Horn i bakgrunden, kryper under täcket, gömmer mig bland tankar som skaver, gör ont. Ligger orörlig en lång stund, fokuserar på andningen. Jag vet inte vad jag gör med mig själv, kanske är jag inte odödlig ändå.

•

Jag kan inte förklara vad som sliter mig i bitar, men att se mig sitta där på bänken, då jag vred blodet ur tröjärmarna. Se mig själv med de där tabletterna i handen. Sedan få en tårdränkt kram av Leo, en vodkadränkt puss av Agge och att se hur alla milligram fyllde prinsessans ögon. Att få de SMSen mitt i natten, att känna kallt stål mot mina fingrar och att se blodet rinna genom blodstoppare, tryckförband, badlakan efter badlakan.

Att sitta framför någon och säga att det finns ingenting här som lockar mig. Och att veta att innerst inne, där längst inne där jag alltid hittat någonting som vägt tungt nog för att få mig att orka, så menar jag det jag säger, så som jag aldrig menat det tidigare.

Och för en sekund glömde jag reglerna, för två sekunder, två minuter delat i två glömde jag reglerna. Jag är jag och du är du, men jag får inget utrymme att vara jag längre därav så blir jag du, och det klär mig inte. Jag är inte bekväm i ditt skinn, jag vill tillbaka till hon utan panik.

Hon som var trygg och glad, jag vet att den enda gången jag är hon är då jag är i din famn. Så nu är jag du istället, men blir behandlad som ingen alls. Jag glömde reglerna och här står jag, likt förbannat lika ensam med all skulden.

•

Efter den brutala sanningen, kan inte skriva att jag ångrar det jag skrev igår kväll, min övertygelse kvarstår, efter den brutala sanningen kom en brutal insikt och det var första gången jag faktiskt förstod hur det är. Hur det faktiskt är, och världen föll som ett korthus.

Tjackharar, minnen, minns då jag och Sophia spanade efter tjackharen, en hare på ett tunt lager snö på gräsmattan utanför Älvlugnet. Hur jag och Jernbäcker såg spåren länge efteråt från min fallfärdiga balkong.

Djupinhalerar och tålamodet växer, jag tror att jag är oändlig vid detta laget. Oändlig. jag rymmer allting, jag klarar allting. Jag kan ta allting, jag orkar allting. Eller? Vad säger du? Är det inte sant? Hur klarade jag mig hit? Hur orkar jag då med detta? Om jag inte är oändligt stor?

Och jag är fortfarande livrädd: trots att jag bara befinner mig trehundra meter från flykten, bara några meter från flykten. inväntar kvällsmedicinerna. Slut lugnande, måste ringa imorgon. Vad är det för dag idag? Kan jag ringa imorgon? Kommer de att ringa imorgon? Ovissheten skaver.

Har precis kommit till insikten att hon är sjuk, hon är sjuk. På riktigt, detta händer, detta händer, på riktigt. Mitt hjärta, det finns inga ord hon kan säga till mig som kan stilla den oron i hjärtat.

Bara att visa att hon klarar av det: bara visar att hon blir frisk, inte dölja, inte ljuga, inte låtsas, inte manipulera. Bara bli frisk nu hjärtat, på riktigt denna gången.

Min familj påpekar att jag har återfått zombieblicken, gestikulerar med händerna och visar ögon som smalnar och blickar som vattnas ut. Det kanske är medicinen. Det är det sista jag kan hålla fast vid i denna verkligheten, bland alla verkligheterna, någonting att ta på, någonting som kanske gör någonting bättre.

Bildäcken skriker utanför fönstret: människor som vrålar, det är onsdag. Känner kroppen svälla, svälla. Saknar det magiska, så fruktansvärt. Så förfärligt långt borta. Skäms över det men jag älskar dig. Saknar samtidigt allting annat magiskt, det blir nästan aldrig mörkt här längre. Fast i ett mellanläge mellan natt och dag, ömsom sova ömsom vara vaken.

Blanka sidor och vita blad. Sliter och drar i valkarna och sväller över. Det turkosa nagellacket börjar gnagas av och jag djupinhalerar för att jag saknar henne så mycket, tålamod och tålamod min kära: jag är oändlig.

•

1000 dagar sedan jag nästan dog. Söp mig full, skar av en artär, tog omättliga mängder tabletter och somnade mitt på en stor mörk väg. Blev slagen, sparkad av ett par för att sedan släpat mig till

vägkanten där jag däckade igen. Minns deras röster
som undrade om jag levde och sparkarna och slagen
var för att få liv i mig.

Vaknade i diket nedblodad, med skrapsår. Senare
stora blåmärken, en blodig näsa, vred ur blodet ur
tröjärmen och ringde Älvlugnet som hämtade mig.
Full, överdoserad, sönderskuren, misshandlad.
Körde in mig på rummet utan frågor, blödde mer än
36 timmar senare. Minns att det regnade. När
läkaren fick se såren och fick höra om doserna och
alkoholen undrade han hur jag kunde stå på benen
överhuvudtaget.

Tänk om jag hade dött där, på den där vägen. Tänk
om de som kom inte var det där paret, utan en bil,
tänk om jag strukit med av överdosen. Tänk om jag
inte suttit här idag. Jag tänker *aldrig* mer tillbaka dit,
tänker aldrig mer ta tillbaka dig.

•

Med balkongdörren på vid gavel sitter jag och fryser
mitt i förvirringen. Hör röster på gatan utanför, rökt
två cigaretter på raken med fötterna på skorna,
klarvakna sinnen, trasiga känslor och ett trött kropp.
Mina fötter fryser, någon har kissat i porten och jag
såg en utvecklingsstörd kvinna heila.

Känner mig fången innan mitt skinn, jag känner inte
längre igen sinnesintryck. Förstår inte. Vet inte om
jag är mitt i overkligheterna eller om det verkligen

luktar bränt gräs utomhus. Natten till idag var verkligen en utmaning.

Känner mig fången innan mitt skinn, jag mår konstant illa och ångesten sliter och river. Ett emotionellt fängelse. Jag är yr, trött, utmattad, slutkörd. Spenderade många minuter på den vita ryamattan, matlusten lyser med sin frånvaro och biverkningarna av medicinerna får mig att tvivla på om det är värt besväret. Badar i en flod av sorg, allting att bearbeta på en gång.

Det regnade inte då jag sade farväl, lämnade en lögn till mormor, det hade börjat skymma då jag påbörjade vandringen till vad som kunde bli ett slutgiltigt försvinnande. Det visste inte jag då.

Ångesten är så påtaglig att det svartnar för ögonen och tvingar ned mig på asfalten, de våta höstlöven väter genom mina byxor. Har svårt att gå då svimningskänslorna skrämmer, ringer PM då synen blir suddig och osäkerheten om min kropp kommer att orka bära mig ända fram, för att alarmera någon om jag skulle kollapsa. När åt jag sist? När fick jag behålla någonting sist? Mat? Vatten? Mediciner?

Min kropp är oerhört svag och det är en kamp att hålla i telefonen. PMs röst lugnar och jag ljuger, säger att jag är på väg till tryggheten hos mormor då jag i själva verket är på väg till ett osäkert öde.

Pulsen är så hög att jag är övertygad att den kommer

att spränga mitt innanmäte, jag fryser trots tjocktröjor i lager den ljumna höstkvällen, skakar och tappar cigaretten. Då jag står utanför min port lägger vi på, hon säger att hon älskar mig, vi lovar varandra att prata nästa dag och jag kräks vitt skum tills jag får kramper i magen. Sedan ringer jag det förödande samtalet.

Minns ingenting mer av samtalet än att jag bad honom att hämta mig. Nästa minne är att jag faller ihop på den grusade infarten och att han stöttar mig in och låser dörren. Vet att hans bil har stänk av rost, hans hus är rött och att han sedan länge sagt att han älskar mig.

Det finns ständigt hos mig, hur ont det gör att manipulera honom då hans känslor inför mig alltid gör honom tillgänglig och blind inför mina lögner. Det är så svårt att förstå hur någon så obarmhärtigt vill skada och utnyttja någon man älskar.

Utnyttjar honom för att jag hatar honom mindre än jag hatar mig själv, hatar honom mindre än smärtan inuti efter vad som hände i juli, hatar honom mindre än mina känslor att jag inte vill leva längre, hatar honom mindre än min likgiltighet inför smärtan han tillfogar min kropp då själen sedan länge lossnat och det enda han kan knulla och misshandla, det enda han kan komma åt är en tom behållare som kläs i ett vinterblekt skinn, svarta kläder. Han når mig inte, inte längre. Jag är inte här, jag är inte här

Det blixtrar till, en isande känsla att någonting är fel. Jag kommer att säga till dem att jag inte minns. Detta är början på någonting jag aldrig kan avsluta, detta kommer, han kommer, aldrig att lyssna till mig igen, aldrig mer älska mig, aldrig mer sluta, aldrig mer sluta i besatthet med ondska i blicken leta efter mig, aldrig mer sluta att jaga mig, aldrig mer upphöra att tvinga mig att ljuga, låtsas, tystna, stöta bort, såra och lämna de jag älskar.

Kommer aldrig att vara trygg igen och kommer aldrig kunna gömma mig för honom, han vittrar min stinkande ensamhet och smärtan som den tillfogar mig, han känner doftspåren av min sköra kropps oförmåga att göra motstånd och min likgiltighet inför skadorna som trasar sönder mitt skal. Den tomma behållaren jag flytt.

Det blixtrar till, detta är fel. Är detta livet jag önskar? Det har pågått så länge. Så länge att jag inte minns hur det kom till mig, så länge att jag inte längre minns vem som var den första, så länge att jag inte minns hur många kukar, slag och sparkar jag tagit emot, hur många gånger jag dissocierat av rädsla eller hur många gånger jag varit medvetslös, så länge att jag inte minns hur många blåmärken som blånat för att sedan gulna, försvinna för att sedan ersättas av fler, så länge att jag inte minns hur det började.

Men inte så länge att jag inte minns varför jag började be män att skada mig tills jag ber dem att sluta. Oftast har de slutat innan jag bett dem, de har varit svagare än min brinnande önskan att nå gränsen. Gränsen för hur mycket smärta jag kan dölja, hur mycket smärta min kropp klarar av, men främst av allting: gränsen för hur värdelös jag är och gränsen för hur mycket jag hatar mig själv.

Vad som kommer att ske denna septemberkväll är ingenting jag bad om, ingenting jag önskade, ingenting jag ville, ingenting han hade tillåtelse att ta sig rätten att göra. Allting jag bad om var att bli hämtad, utan att uttrycka mina avsikter och, vad man kan säga, begär att stilla min abstinens efter någon form av annan smärta än den jag känner så djupt i mitt medvetande.

Han kommer att visa en sida av den mannen som stått mig så nära så länge som är så främmande för mig att förstå, som betytt mycket för mig och som tidigare varit en väldigt omtänksam, godhjärtad och förstående vän som alltid lyssnat då jag behövt prata, som har öppnat sitt hem för mig då ingen annan funnits där, som har ingivit en känsla av trygghet och värme.

Efter de tre tillfällena jag har mötts av ett monster ångrar jag ändå att jag manipulerat honom. Vad jag inte visste förrän i natt var att han njutit av varje sekund, att jag omedvetet tillfredsställt honom. Min falska, naiva övertygelse var att jag tvingade honom, övertalade honom, för att tillfredsställa mig själv.

Under sju dagar har han straffat mig och hotat mig för att jag förstörde allting med det lilla ordet med tre bokstäver, två konsonanter och en vokal förvandlade en vän jag försökt utnyttja till ett monster.

Man kan säga att vid detta laget är vi kvitt.

•

Ansträngda andetag, ligger som en blöt fläck på köksgolvet, öga mot öga med mitt eget privata helvete. Det kommer alltid finnas rum för återfall, det kommer alltid kännas acceptabelt att misslyckas. En stank av hopplöshet. Modfälld samtidigt så målmedveten reser jag mig från plastmattan, trär jackan på min skälvande kropp.

Kastar snortdosan i papperskorgen utanför Konsum en regnig, mörk eftermiddag tillsammans med alla rödlinjepåsar jag sparat. Raderar kontakter ur telefonen, att jag kan numren utantill till trots. På ostadiga ben tar jag mig uppför trapphustrappen, snör av mig mina genomblöta Converse på hallmattan, skalar av mig tunga kläder.

Förstår att jag måste lära mig allting igen, förstår att det kommer ta tid. Förstår att detta inte är slutet, förstår att jag på rangliga ben tar mitt första stapplande steg mot en annan verklighet än den jag lärt känna. Kryper ihop till en liten knut, lillasyster Lovis, det här är för dig. Allt för dig, aldrig mer för dig.

Minns att jag fick känslan att balansera på kanten till en avgrund, minns då jag för första gången fick höra att jag är en kroniker, minns min älskade, då vid förra hösten tioåriga, systers fråga om min blåtira och svaret jag omöjligt kunde ge henne.

Föreställer mig hatet, det kristallklara hatet de kommer att uttrycka dagen efter detta, min omgivning kommer att känna inför mig i rädsla om de får reda på vad jag utsätter mig för nu och sedan länge, hur jag kommer att vara så motbjudande i allas ögon att ingen kommer att älska mig och jag föreställer mig detta för resten av mitt liv och en ekande ensamhet då ingen kommer att vilja ta i någonting så äckligt som mig om de får veta.

Ställer mig upp ur den nedsuttna hörnsoffan, i en obefogad panik, då i denna stund är mannen bredvid mig är min största trygghet och närmaste vän, säger jag ett ord, ett ord med en innebörd, ett ord som bara står för en sak, ett ord som är oerhört lätt att förstå meningen med, ett ord att ångra det jag tänkt och det jag önskat men inte uttryckt.

Säger nej, nästan skriker då det blir för intensivt då rösterna vrålar åt mig att låta bli och hotar med smärtor jag inte kan föreställa mig. Säger, skriker, bara ett kort nej, en tung tystnad följer. Under tystnaden ser jag honom ställa sig framför mig och höja en sluten hand framför mig. Då försvinner jag tillbaka till kökssoffan jag satt på för sex år sedan.

Soffan i köket var i avlutat trä, sittytan klädd i en trasmatta jag klöser fast mig i och kramar så hårt jag kan med mina fjortonåriga händer. Han är lång, längre än de flesta, storvuxen, stark, med enorma händer som tillfört mig mycket smärta, han är iklädd den trasiga, randiga morgonrocken och svarta sockar.

Där jag sitter med knutna nävar runt den vävda mattan i en, trots alla år, ihållande skräck, där jag sitter är jag väldigt liten då han står framåtlutad med sina nästan två meter över mig, skriker ord jag inte hör tills hans skäggstubbsklädda ansikte rodnar och saliven träffar mig som pistolskott i ansiktet, han höjer näven och jag skriker, efter min förlamade tystnad under alla år, åt honom att slå mig. Att slå mig så jävla hårt han kan.

Kanske är den känslan jag, sex år senare, fortfarande bär med mig, som förde mig till det lilla ordet på tre bokstäver. Att jag inte skulle stå ut med att se deras tårade ögon om de någonsin fick reda på vad jag utsatt mig för, alla gånger det gått över gränsen för vad jag vill, alla gånger mina ord varit döva för männens öron och allting hemskt de utsatt mig för mot min vilja och då de gångerna jag haft sådana smärtor, både under övergreppen och de ibland kortvariga och lätta, ibland länge ihållande, efteråt.

Alla gånger jag satt mig i sängen och druckit tills jag däckat mjukt mot täcket för att för en stund få vila, slippa känna, slippa minnas, slippa drömma.

Är nära övertygelsen att ingen vill veta vad jag har gått genom och att jag lever under ett överhängande hot som innefattar någonting så hemskt att jag offrar vad som helst för att det aldrig ska inträffa.

Mitt liv är inte värt någonting i kontrast till det som kan hända. Om jag kunde gråta, skulle jag gråta. De enda gångerna jag gråtit under den senaste veckan var då jag skrev mina avsked till de jag älskar, mitt testamente och mina önskningar, och då jag varje natt upprepade gånger vaknar upp gråtandes och skrikandes i skräcken efter mar-drömmarna och minnesbilderna som är så intensiva nu.

Grät då min kontaktperson kom till min lägenhet och jag hade inte styrkan att såra, kränka och stöta bort henne då hon sade att hon älskar mig.

Alla andra runtomkring uttrycker ingen omtanke, kärlek eller omsorg. De såg mina skador som strax i denna texten ska tillfogas mig, berättade att jag blivit misshandlad. Ingen frågade hur jag mådde, om jag behövde någonting, om jag behövde läkarvård och att de älskar mig.

Han tar tag i min arm och reser mig upp, sliter sönder tröjan jag har på mig då han drar i den som inte höll hela min tyngd. Han stannar upp och släpper taget om min tröja, jag ser vansinnet i hans ögon och jag känner stanken av vodkan. Mina ben mjuknar och jag står, som ett rådjur i strålkastarljuset med vetskapen att jag inte hinner undan, framför honom en lång stund innan han plötsligt slår mig med en sådan kraft att jag faller till golvet.

Ligger där i min högsta medvetandegrad då jag inte längre vet vem som just slog mig så hårt att jag föll, känner inte igen mannen som sade sig älska mig. Blundar så hårt jag kan och ligger orörlig på parketten och samlar kraft och mod att resa mig igen, då jag öppnar ögonen igen finns han inte i rummet. Hörde inte honom gå. Vad är det som är fel?

Har varit skräckslagen och stått inför många farliga situa-tioner med oberäkneliga män i mitt liv, försatt mig i farliga situationer, varit vårdslös och nästan förlorat livet flera gånger.

Har aldrig varit så livrädd som jag blir i det ögonblicket han kommer ut ur köket med ursinniga steg, andfådd och jag får känslan direkt, fastän jag inte ser den då, att han är ytterst oberäknelig, påverkad och, inför mig, farlig.

Om några ögonblick kommer jag att dissociera, som alltid varit min mäktigaste försvarsmekanism, det näst sista jag minns är hans löfte, hans oåterkalleliga beslut, den stundande handlingen som han med en sådan kraft att jag ryggar tillbaka vrålar ut.

Vet inte vad klockan var när jag lämnade mormor med orden att inte vänta uppe, vet inte hur länge jag inte var vid medvetande, vet inte vad som hände under tiden jag inte var medveten, minns inte hur jag tog mig utanför min port där jag vaknar nedkyld i ösregnet. I trappen upp möter jag två kvinnor som stirrar som om det de ser på är skräckinjagande, det är en kamp att ta mig uppför trappen då jag har sådana intensiva smärtor i foten.

Väl, två trappor upp, i min lägenhet tar jag av mig den genomblöta koftan och borstar av mig smågruset innan jag vågar gå in i badrummet och se mig i spegeln. Vad jag möter i glaset på badrumsskåpet som speglar någonting jag aldrig kan dölja. Någonting jag aldrig kan ljuga bort. Någonting som så uppenbart visar att jag är misshandlad.

Blir lamslagen och stirrar in i mina blekgrå ögon genom spegeln tills det blir suddigt för ögonen, lindar en halsduk runt handen, går ut på den nästintill becksvarta balkongen och röker flera cigaretter på rad i regnet.

"Även om du sade nej är det ingen våldtäkt, eftersom att du kontaktade honom. Det kan låta hemskt men du får skylla dig själv som ringde."

•

Det är höstnatt. Det regnar, ösregnar. Jag ligger i bitar i kärleksgungan i Lomtjärnsparken, ett pussel av kött. Orden som kom från honom pulserar i mitt förlamade huvud där värken dundrar, känner regndropparna leta sig in bland ögonfransarna, förstör illusionen att detta inte var för mig att fälla en tår över. Skulden är min, Agnes, inbilla dig ingenting annat.

Hör fotsteg och röster, det börjar ljusna. Min tidsuppfattning är skev, kroppen skälver av kyla, reser mig och faller ihop i sanden. Reser mig, beordrar min kropp att inte kapitulera inför gravitationen, och börjar mina två hundra meter hem.

Det klirrar i ytterdörren då jag stänger den, fan, glömde nyckelknippan på utsidan. Skalar av mig lager efter lager våta kläder, nu naken under de svala sängkläderna, jag lämnade fönstret öppet. Den morgonen behöver jag inga kemikalier, jag somnar ovaggad i slutet av en mardröm.

●

Det där är märkligt, jag minns inte sist jag mådde såhär bra sist samtidigt vill jag bara gråta. Det svartvita jag gör sig påmind, tror att mitt inre försöker skapa konflikter eller motpoler till det ljusa, jag ignorerar det. Tar en cigarett, fortsätter prata och skratta.

Mitt i ljuset, panikångestpåslag. Vågar inte säga någonting, det var min livlina, det var det enda som fick mig ur sängen idag. Det enda som fick mig att äta. Det enda som höll mig vid livslusten, det enda som fick mig att se en framtid istället för bara idag. Det enda som fick mig att kunna sluta gråta. *Varför minns hon inte?*

Det känns ljusare trots mörkret käftar som envisas att hugga efter mig, glömde morgonmedicinerna. Glömde lunch-medicinen. Sitter fyrtio centimeter från sängen som lockar på mig. Brygger irishcreamkaffe och väntar. Ser klohålen i de skira vardagsrumsgardinerna och saknar Olof och Hector,

94

fick ett meddelande och gud nåde den personen om denne skriver på det viset till mig igen. Jag väntar.

Hur kan det vara så? Hur kan det fortfarande vara så? Jag vet inte om jag vill, jag vet inte om jag vågar. Jag vet inte om jag vågar igen, jag vill inte dit, men jag vill inte vara där jag är. Jag vill att det som är ska vara som det var just precis då, och jag skäms nästan. Varför händer detta?

Och jag vill inte göra väsen av mig, jag vill egentligen inte säga någonting alls. Men här är vi fast, i dolda meddelanden och missförstånd. Jag vet inte vad jag ska säga för att allting jag säger sårar. Det värsta av allting är att ditt liv fungerar utan mig, jag är inte viktig längre. Jag kan knappt andas utan dig, min frånvaro berör dig inte.

Någonstans här tappar jag krafterna, kroppen är helt slut. Händer mot vitt porslin, längtar efter att måla. Det som aldrig är utbytbart eller som går att ersätta, någonting som kommer lämna mig tömd om det försvinner, någonting fantastiskt och ibland smärtsamt. Jag ska måla det jag älskar och jag ska älska det. Det skriker.

●

Avsvalnat irishcreamkaffe för tankarna till Skutskär, Älv-lugnet. Jernbäcker och våra upptåg. Ytterst sliten, en hastig natt och ett lika hastigt uppvaknande. Avsvalnat kaffe, stora mellanrum mellan stora ord.

Halvöppna ögon, jag försöker och försöker så

tappert, och jag skäms. Gårdagen tumlar fortfarande inom mig och orosmoln efter det där meddelandet som skrämde livet ur mig och fortfarande får mig att skaka. Det skälvde hela min värld, jag kan fortfarande inte förstå det. Jag kommer aldrig att förstå.

Det är stora grå koftan, det är för många cigaretter och jag skriver inte och jag målar inte och jag andas inte jag bara är här. Här där jag inte vill vara, här helt ensam, det ekar.

Skuggor som klättrar, blundar och låter regnet omfamna mig. Droppar genom kläderna. Svala, tyngda droppar mot min ömtåliga hy. Tankar som flyger och jag sträcker ut armarna, nikotinet svider på läpparna. Stänger balkong-dörren bakom mig för att mötas av en Ebba på övernattningsbesök. För en gångs skull är jag inte ensam mitt i stormen. Oron stillas inte, ångesten består, kärlek värmer mig. Mitt hjärta mot ditt.

•

"Det här är min storasyster Agnes!", lillasyster Lovis tar min hand, visar upp mig för hela förskolan innan jag knäpper kardborrebanden på hennes skor. Jag får nästan hålla henne kvar, likt en heliumballong svävar hon ovan marken, studsar och hoppar ut från dagis för att idag, idag är det Agnes som hämtar henne.

Jag leder cykeln ut genom skogen, bortom synhåll från

förskolelärarnas ögon. Då vi kommer ut på gångstigen vid den stora vägen stannar Lovis cykeln och spärrar upp ögonen, plutar med underläppen och knackar på styret.

"Du måste lova att du inte säger det här åt någon annan", jag viskar i hennes öra. Hon tittar finurligt på mig och drar i mitt hår så att jag böjer mig närmare.

"Vad är det för bus du ska göra nu, Signe Agnes Lundkvist?"

Hon nyper mig i kinden och balanserar på pedalen. Jag hänger hennes väska på styret och lyfter försiktigt upp henne, hon skrattar och vrider sig och låtsas att hon är kittlig under armarna. Jag skjuter från med fötterna, hennes yviga, blonda hår fastnar i min mun då hon lutar sig tillbaka. Det är så vackert.

•

Nu har den sista sårskorpan läkt, symboliskt i mig, nu finns bara minnen kvar. inga bevis, ingenting som vittnar om det. Krigsrester som ärrvävnad, hudveck, minnesfragment inuti, utanpå.

5-(2-Klorofenyl)-7-nitro-1H-1,4-bensodiazepin-2(3H)-onoch 5-Fenyl-7-kloro-1-metyl-1H-1,4-bensodiazepin-2(3H)-on och stora flickor gråter inte. Om och om och om och om igen, gå ut och röka och dricka mitt kaffe svart.

Den nya medicinen känns i hela kroppen, ångesten finns fortfarande kvar. Kvävningskänslorna går inte att medicinera bort. Ett sargat hjärta går inte att

medicinera bort, det går inte att dricka bort, det går
inte att knarka bort. Det går inte att springa från, det
går inte att skära bort det, det går inte att fly då det
är överallt. *Överallt och skakar hela min värld.*

Falska känslor, fabricerade leenden. Ett komplett
lugn samtidigt stormar det, andas in och andetagen
tar slut där. Jag kan inte se en dag efter imorgon, jag
kan se att jag behöver köpa en större dosett.

Kan se att burkarna blir fler och fler, jag kan se att
besöken blir tätare, jag kan se oroade blickar, jag kan
se samtalslistan eka. Det går inte att vinna mitt i en
förlust.

et är den fjortonde idag, känns i varje liten
del av mitt hjärta. De har slutat tala om dig,
Linnea. Det är så tyst här. Nästintill två och
ett halvt år har passerat, jag kan fortfarande
inte förstå och jag vågar inte känna efter. Vi har
passerat tid för tårar, nu kryper jag upp i sängen som
ett litet nystan, försöker blunda. Försöker att
glömma, försöker att glömma bara för idag.

Med de tre orden kom tårarna, tiden för tårarna var
inte ute. Idag är det den fjortonde, imorgon är det
den femtonde. På det smutsiga badrumsgolvet,
gråtskriker och hulkar för att det gör så fruktansvärt
ont inuti. För att det smärtar så i bröstet, detta kan
inga piller hindra, inga tömda vinflaskor, spårar ur
och har ingenstans att ta vägen, ingen som svarar
mina samtal.

Morgonmedicinfull drack jag gratis morgonkaffe på
Träff-punkten för första gången. Det var jag, som är
psykiskt funktionsnedsatt, två till, sedan
funktionshandikappade. Kaffet var gott och jag
stannade efter stängningstid. Min PTSD gjorde
kullerbyttor vid två tillfällen, men så avdankad av
morgonmedicinen att jag kunde ta en cigarett, samla
mig, och gå in igen.

Ulrika och Linnea spökar, det var den fjortonde igår
och det är den femtonde idag. Brukar tända ljus,
brukar tänka fina tankar åt henne. Men jag känner
bara skuld inför henne. Hur jag lever mitt liv, vilka
val jag gör. Känner mig svart, i skuggan bakom
stjärnorna, jag brukar inte känna det så tydligt.

Hjärtat som läcker, en obehaglig känsla. Tankarna förs ständigt till Ulrika. Det känns som om hon ser på mig, ser rakt genom mig. Vill sjunka genom jorden, hon ser allting de kallar synd. Hon hemsöker mig idag, tankarna hemsöker mig, hjärtat läcker, en obehaglig känsla för tankarna till dig idag, älskade Ulrika.

Kära Ulrika, kära skogsälva, införstådd att tankarna är resultatet av min sjuka hjärna. Vila i frid kära vän, du lämnade oss för tidigt. Försöker att lita till att ditt beslut var det rätta, men mitt hjärta har så svårt att stilla sig då jag tänker på allting underbart du går miste om, men sedan tänker jag: vad är det?

•

Telefonens ilskna signal väcker mig, Legion, som många gånger förr. Han mumlar och undrar hur det är.
”Jag tänkte om du ville vara med då jag tar en panna?”, jag får vara hans good luck-charm som många gånger förr. Berättat att han vill ha sällskap vid tjacket, känner en ekande ensamhet.

Nyvaket stöttar jag mig på orden, han biter i bältet, jag hör välmåendet infinna sig, genom telefonen tar vi en cigarett tillsammans innan han sjunker, sjunker in bland molnen.

Sköljer ur den rödlinjade påsen för att slicka det sista

pulvret, försöker jaga min egen himmel. Nu är det slut, himlen frånvarande, becksvart. Är 170 cm kaos, når inte utanför min frostade kupol.

Samlar, sparar tabletter, klirrar med dosetter för att sedan svepa de vita runda i toalettpapper, ibland skickar jag med lappar, söta ord. Frankerar kuvert, skriver adressen med vänster hand för att det inte ska upptäckas att det är från mig och sedan: väntan. Väntan på att få någonting tillbaka, naivt.

●

När jag och Christel var tretton eller fjorton år satt vi i mitt lilla röda rum och så skar vi ett snitt i handflatorna och blev blodssystrar, av misstag blev mitt sår djupare än det var tänkt, fick ett tydligt ärr i handflatan. Christel fick inget. Kanske symboliserar det någonting, mer än så vet jag inte.

People always leave har försökt lära mig är att jag aldrig ska lita på någon eller deras ord. Men jag gör det lika blint hela tiden. Litade på hennes sanningar, att hon aldrig skulle lämna mig, att hon alltid skulle finnas där.

Att ingenting, inga avstånd, ingen person, inga ord skulle skilja oss åt. Det var sanningen. Sitter och stirrar i min handflata på ett spår av de sanningarna jag kan ta på, och ärret skrattar åt mig, det hånar mig, skriker: 'var tog du vägen?'

Vill inte gå varje dag och bli påmind om hur alla sanningar är krossade, så ikväll dricker jag mig redlös för att sluta gråta och för att sedan kunna rättfärdiga inför mig själv att jag inte är vid alla sinnes fulla bruk.

Detta är ingenting jag vill stå för, så jag tar ett rakblad. Försöker sudda ut ärret med nya ärr. Försöker få sanningarna att försvinna, försöker dölja sveket, med känslan att jag sett min vaniljsyster för sista gången.

Någonting inom mig har, inte ljusnat, inte lättat, inte vitt, inte grått, en svärta härjar fortfarande mig. Vanvettiga tankar lurar bakom varje dörrpost, men lyssna, någonting hände under natten. Som om de enorma mörka monstren klivit av mitt bröst, jag kan andas igen.

Balanserar fortfarande på ångestens vassa tandrader i dess gigantiska käft, befinner mig fortfarande bakom stjärnorna. Någon har tagit tag under mina armar, håller mig, jag känner inte marken, inte botten under mina fötter.

•

Skriker nu, jag vrålar nu. Varje piller jag sväljer är ytterst löjlig, de där försöken att hindra det jag känner står mig näst, det som närmar sig, hotar i horisonten, en lång och krävande natt om jag inte lyckas fly den.

Smutsen smög sig inte på, den kastade sig över mig. Genomborrade allting. Skrubbade, klöste, kliade, försökte penetrera huden för att komma åt den där vidriga känslan.

Byter klädesplagg efter klädesplagg, allting är äckligt, använt. Här hade jag behövt tårarna, de är olyckligtvis frånvarande. Den rödblommiga mattan mot ryggen, kläder utspralade runt mig, skriker så högt jag kan. Skrämmer mig själv.

Paniken lägger sig inte, olika bensodiazepiner, beska droppar, vita runda. Lugn musik, cigaretterna, skrivandet till trots så rusar mitt hjärta. Desperat ringer jag åtta personer, behöver en röst, behöver en vän, behöver någonting verkligt. Ingen svarar, två avvisar. Tankarna för mig till stjärnpulver-flickan, jag låter bli och sjunker in i tystnaden.

Vanföreställningarna avtog, om än lurade litet bakom mig. Inte hotfullt, mest iakttagande på något sätt. Väntade kanske på att jag skulle tippa över kanten igen, och att de skulle få skrämma mig till tårar och dova skrik igen. Nu en medveten ofarlig overklighet, medicinernas effekt börjar att avta.

•

Känner hur jag börjar rinna mot där jag var för någon timme sedan, klockan 04:44 ringer jag jouren, vikarien, röker sex cigaretter och fryser mig tillbaka till en verklighet jag inte tvivlar på.

Bestämmer mig för att det inte finns någon annan utväg jag står ut med än att ta mig genom den här natten med så många fragment av mina friska sidor kvar som möjligt. Släcker allt konstgjort ljus och öppnar, för första gången på så länge, persiennerna.

Tänker tillbaka på de drygt fyra dygnen, någon gång under de dagarna satte jag upp håret, rakade bort nästan hela ögonbrynen. Tänkte att om jag inte ser ut som jag så kanske jag verkligen inte är jag och att jag kanske slipper minnas mig som den jag var.

Var inte mig själv, jag upptäckte drag hos mig själv som inte var mina. Nästan en konstant panik, kände inte igen min kontaktperson, kom inte ihåg var jag bodde. Kunde inte känna kärlek saknad längtan glädje gemenskap lycka, sov inte, åt knappt.

Var tvungen att klottra armarna med spritpenna för att inte glömma bort apoteket, cigaretterna, mormors födelsedag, att inte dricka vin då jag tagit extra bensodiazepiner, var jag bor, var mamma bor.

Hade för mig märkliga rituella vanor, vandrade omkring i min lägenhet utan att veta vad jag letade efter, gick planlöst omkring på byn utan att veta var jag var eller hur jag skulle ta mig hem. Hade fruktansvärda vanföreställningar som jag ryser att tänka på, joursamtal på joursamtal. Läkarsamtal, panikhöjning av mediciner, vänner som backar, familj som skräms, kärleken finner jag ingenstans.

Trots det dånar, ekar, orden innan jag hinner ifatt att hindra dem. Tystnaden råder, det rinner från oss. Står medvetslös inför det, en två gula en två tre fyra vita, sudda ut saknadens ångest som hindrar andetagen, det rinner från oss, jag står medvetslös. Skramlade i dosetten, nu blir fingrarna tunga. *Det rinner från oss, älskling.*

Naglarna flisar sig, går av, river av dem. Flisa efter flisa i ett desperat försök att sudda ut, att förstöra bevisen på tidens existens. På det förflutnas existens, som sitter där som minnen i sönderflisade naglar.

Svårigheter att koordinera rörelser, svårighet att koordinera känslor. Vet vad jag känner och jag känner det så tydligt, det är inte vad jag vill ha, svårighet att koordinera ord, svårigheter att tala, svårigheter att sova.

Allting jag kan tänka på är hennes läppar och vad de kommer att säga då jag yttrar de orden, valet jag kommer ställas inför, rysningar. Livet jag vill ha eller livet jag förtjänar.

Hon vet inte vad jag röker för cigaretter, vad jag har för sängkläder i sängen, vilket fotografi som står på det vita bordet. Hon vet inte vad det sista jag tänker på innan jag somnar är, hon vet inte vilket mitt

favoritvin är, hon vet inte vad jag kommer att göra
härnäst.

Drar för persiennerna, mitt hjärta har helt brist på
färg. Svårt att identifiera känslor, gör saker som får
andra att tappa orden. Tar rotsaksborsten och
gnuggar bort det, det som ligger på ytan. Behöver gå
till affären. Vågar inte, vill inte gå ut. Solen går i moln
och dränker vardagsrummet i mörker, det blåser.

Sitter i sängen, röker och dricker isvatten. Tänker på
henne, tänker på hur hon inte vill vara med mig. Hur
jag är säker på att hon inte vill vara med mig,
kroppen har gett upp, ont i varenda kroppsdel.
Framförallt ont i hjärtat. Det smärtar så, det känns
som om jag kommer att kunna somna, och sova.

•

Två fingrar domnat bort, jag ska dra mig mot
dosetten och burkarna, undrar om han och hans
nära sitter och skrattar nu. Jag skäms, undrar vad
hon gör, hur hon mår. Delar av mig vill inte fråga.

Telefonen skriker åt mig, de vill åt mig. Sitter här
med min lilla besatthet, oavbrutet och konstant.
Gnuggar in smutsen igen och klöser upp såren,
knyter rosetter runt ärr och böjer sönder mina ord.

För att det gör ont att göra dem jag hatar förförda.
De där små, runtomkring, och jag tänker. Han verkar

tycka om mig, jag försöker att sova, hamnar i garderoben.

Finner mig tillrätta i hungern med mineralvatten på flaska, cigaretter och musik. Telefonen fortsätter skrika, vibrera dovt mot skrivbordet. Impulser att kasta den i väggen framför mig, de är outhärdliga. Bara få det att sluta. Få skulden att upphöra. Skammen gör att jag inte kan se någon i ögonen.

Då sliter jag huden i stycken, vänder den ut och in. Klär mig med den äckliga sidan utåt, och som jag förutspått ser ni bort. Springer så fort jag förmår mig, så långt bort jag vågar. För att sedan återvända som någon annan.

Ett konstant illamående, vad gör jag med mitt liv? Det känns inte som igår, det känns inte som igår. Händerna mot det kalla, tömmer mig mot vitt porslin. Det är så påtagligt, försöker att skriva men det kommer alltid ned till henne, antecknar varje minne i rädsla att glömma.

Försöker att sova men hamnar på balkongen 04:03 med nattjouren, försöker att äta och dricka men hamnar över toalettstolen. Virrar förvirrat omkring och landar aldrig riktigt på riktigt. Är vi där igen? Är jag där igen?

Renodlat kaos, hysteri och aldrig någon riktig vila. Försöker att promenera från smärtan som jagar mig, och se, jag finner inte orden. Finner inte magin, jag kanske behöver tid. Jag kanske behöver flykt, sminkar över resterna, resterna av det ingen ser, det ingen behöver se.

Vaknade gråtandes och grät mig, ömsom sov mig, genom morgonen och förmiddagen. Fyllde mig till bredden med mediciner, orkade mig ur fosterställningen i soffan.

Kallt sade jag de fem orden, fem ord, fem ord att summera det. Efter det berättade jag allting, det ingen vet, ingen visste. Det ständigt varande. Väl vid Fällforsen snubblade jag in i tårarna igen, trasslade in mig. Ville skrika åt hennes ord, att nej jag är inte värd det, nej jag är inte värd hjälp, nej jag är inte stark, nej jag är bara använd bara skräp bara avfall bara avföring bara fragment av vad som brukade vara en människa.

Imorgon flyr jag till Christel och Boden, jag vet inte hur länge jag stannar, jag vet inte var jag ska ta vägen sedan, jag vet inte om jag någonsin kommer att finna ro i den här lägenheten igen, i den här byn. Vägrar ett liv där jag bara överlever. Jag måste få leva.

Flykten började redan ikväll. Det är så mycket i luften, det blir så brutalt i tystnaden, och efter fredag är allting ovisst. Då lämnar jag Boden och har ingenstans att ta vägen, på lördagskväll hoppas jag på att vara i Piteå, hand i hand med kvinnan min.

Hörde hur viktigt det var för henne och jag vill så gärna, måste bara finna husrum, måste finna en lösning, det måste finnas en lösning, det kan inte bara ta stopp, det måste få hända.

Fryser och vet att tårarna jag fällde i natt bara var av ondo, bara visat på min svaghet, om jag inte sagt de orden, om jag bara lyssnat, om jag hade kunnat, för en gångs skull, hålla käften, kanske jag hade fått spendera helgen där.

Eller, kanske är jag inte välkommen efter allting, kanske alla runtomkring där tycker och tror detsamma som de runtomkring mig, kanske vågar ingen ta mig in då jag yttrat mitt kaos.

Jag kan lova, att om jag bara får chansen att leva, att känna mig litet lycklig, så kan jag hålla det inom mig, utan flykter. Det är så enkelt, om inte annat, söker jag lycka på annat håll. Jag orkar inte med fler kalla tårar.

Magen värker och vänder sig, Känner klorna riva upp mig inifrån. Sköljer ur den röda hinken gång på gång. Väcker säkert de andra, jag vet inte var jag ska ta vägen i natt.

Lyckades inte få behålla sömnmedicinerna, en del av mig kan inte stå ut med ännu en natt fylld av skräckinjagande mardrömmar som påminner, en del av mig klarar inte av att tillbringa ytterligare en vaken natt i ensamheten.

Jag vill skriva och skrika lika brutalt som det är. Lika rått som verkligheten verkligen är, kan höra deras röster och se deras blickar.

Det var en sanning, en av de två, den andra är att jag nått förnedringens yttersta spets och under flera dagar spenderat varje minut i smärta, älskades famnar eller i total ensamhet. Om jag ska vara ärlig så har jag svårt att förstå hur jag ska bryta det, hur jag ska ta mig härifrån.

Tänker att om jag stannar innan mina fyrtiosju kvadrat och gnuggar in det i en tårfylld ensamhet, kanske det blir allting jag är. Jag känner redan att det fyller mig, jag vill tvinga ut det, på något sätt kan jag inte låta det försumma mig, överta mig och förstöra mig, då vore det utstuderade uppnått.

Jag älskar er men ni har fel.

●

Varje andetag gör vidrigt ont. Jag mår illa av smärtan, kräks syrliga vätskor. Stod i nattlinne på balkongen i ösregnet och nattkyliga vindar i över en timme bara för att slippa känna tårarna, bara för att kyla ned kroppen för att någonting skulle kännas likadant som inuti, för att känna min egen existens. Rökte blöta cigaretter, ärren blånade i olika mörkblå och lila nyanser, kroppen skälvde. Jag skrek oavbrutet inuti.

Det där overkliga som hänt, som hindrar varje andetag. Ringde akutpsykiatrin för att någon skulle säga åt mig att ta min medicin då hela mitt innanmäte hotade mig så fort jag närmade mig dosetten och burkarna.

Inga kemikalier kan rädda mig, inte ens flykten. Nu sitter jag mitt i den skräckinjagande medvetenheten och förmår mig inte att skrika mer, fortsätter falla i en renodlad likgiltig tystnad.

Fick ett råd av en vän, som sa att: "*Agnes, du har varit vaken så många nätter, överlevt så mycket smärta, som har lyckats klara dig genom så mycket ensam. Så, drick några koppar kaffe och bli pigg, sätt dig ned och red ut och lista ut vad som hänt då du varit på flykt, för att sedan lägga det bakom dig istället för att befinna dig i en hemskt skrämmande förvirring en dag till.*

Ät någonting, ta en dusch och byt till rena kläder, ta en cigarett under ett paraply och ring mig om ingenting har förbättrats till 06:00, nu går jag och lägger mig och hoppas att jag har ett mail från dig imorgon bitti där du skriver om hur det ljusnade"

Jag satte mig ned på min gröna ryamatta med en stor kopp svart kaffe i ena handen och halsbandet med korset jag fick av Emelie i andra handen under den gröna rökfilten med alla cigaretthålen jag stal med mig från Älvlugnet, bara blundade och sökte överallt efter styrka. Högerhanden värmdes upp av det varma kaffet och vänsterhanden av korset då jag fann Linneas närvaro.

Det har bara hänt två gånger tidigare sedan hon lämnade oss i januari 2008, och jag minns då hon stod framför mig i hallen i huset på Älvlugnet. Det var mitt i natten: jag var trasig och inte vid mina sinnes fulla bruk och hon hade hämtat mig med den vita minibussen från ett dike några mil bort.

Vi stod i tystnad i hallen tills hon ser mig i ögonen och säger: "Agnes, jag ser dina vingar"

Jag minns det så tydligt just i natt, och då hon sagt det åt mig skrek jag och kallade henne lögnare och vrålade ut: "jag har inte jävla vingar!". Nu i efterhand förstår jag att om hon såg dem så finns de där, jag har vingar som kan lyfta mg från smärtan.

Om än de inte orkar hålla min tyngd länge så finns de där och denna natten kände jag dem, jag vågade lita till min egen styrka och jag vågade för första gången på länge testa mina vingar. Och jag vet, jag känner det, att Linnea såg det och log då jag lyfte från allting som gjorde sådär vidrigt ont och svävade ovanför för ett slag.

Under den tiden drack jag tre koppar kaffe, satte mig på en filt på balkongen och rökte nu då det slutat regna. Och när mina vingar inte orkade mer så nuddade jag marken och upptäckte att jag orkade stå, så jag började läsa genom alla små anteckningar jag gjort under flykten på baksidan av kvitton, sönderrivna cigarettpaket och medicinkartonger.

Skriver, är på dag tre av åtta nu. Det gör mig både förvirrad, förbannad, besviken, skamsen, glad, orolig, men framförallt tacksam. Att jag är tacksam kommer ni att förstå sedan, det är så märkligt magiskt hur tur jag haft.

Var inskriven på Vuxenpsykiatrin på PÄS i Piteå, avdelning 25, i psykoskorridoren i ungefär fem dygn. Då de lämnade mig i jourrummet för att någon från avdelningen skulle hämta mig så minns jag vagt att jag började prata om apelsiner med luftventilationen.

I efterhand känner jag mig galen, första dygnet var fruktansvärt, innan jag åkte in hade jag redan fått order att ta maxdosen Stesolid, Iktorivil, Theralen. Och när jag kommer dit blir det Sobril, Temesta, Zyprexa i mängder och mer Stesolid, mer Iktorivil, mer Theralen. Till slut dog kroppens krafter, men paniken inuti fortsatte, aldrig tidigare har jag ätit sådana doser medicin på en dag. Trots det, skriken inuti.

Jag hade inga friheter, ingen frigång. Fick endast röka på den inburade balkongen. Extra tillsyn där de kollar till en varje kvart dygnet runt.

Jag minns inte mycket av de kommande dagarna, jag ringer på knappen, får Stesolid, Iktorivil, Temesta, somnar om, ringer på knappen. Delar rum med en äldre dam med hörselskador som alltid ler mot mig, frågar: *mår du bra nu?* gång på gång.

Fredag och lördag och söndag röker jag ibland, annars sover jag, vaknar ofta gråtandes och då jag väl är vaken har jag sådan extrem ångest att jag ber om mer lugnande, somnar om. På fyra dagar drack jag ett glas Proviva, jag låg där i sjukhussängen och var så trasig, så liten en person kan bli.

En dag tar en inskriven tant tag i min arm och frågar det ingen annan än personalen frågat på så länge: "men Agnes, hur mår du?"

Idag kunde jag av någon anledning inte sova, lugnande till trots. Igår sa sjuksköterskan till mig på finsk brytning: *jag känner på mig att du kommer att skriva ut dig imorgon.*

Nästa dag träffade jag en läkare och jag förstod inte orden jag sade, men jag sa att idag skriver jag ut mig, de försökte locka med mer frihet. Jag kunde inte stanna, då jag satt och väntade på taxin så vinkar en inskriven jag bjudit på cigg då och då: *välkommen tillbaka! vi ses snart!* och kanske är sanningshalten i det avgörande.

•

Jag hade extrem tur som ens tog mig in på den överbelastade avdelningen i Piteå, det fanns tankar först på att skicka mig till Sunderbyn eller Gällivare, men jag vägrade. Och jag vägrade åka hem, min läkare hade ett långt samtal med avdelningen och jag fick sitta i sällskapsrummet en tid innan jag fick en säng då, lyckligtvis, en patient precis blivit utskriven.

Var ingen människa då jag blev inskriven. Jag åt inte, jag tog inte mina mediciner i ordning, jag var gränspsykotisk och totalt ur funktion.

”Men ska jag slita fingrarna av dig?!”, en sjuk-
sköterska ryter åt mig.

Har klöst och bitit upp ett stort sår på höger hand.
Ångesten gör det så vidrigt ont att andas. Benso-
diazepiner på bensodiazepiner på bensodiazepiner,
Iktorivil, Stesolid, Temesta, och trots det balanserar
jag på ångestens vassa käftar. Till slut klipper de ner
mina naglar och tejpar mina händer så att jag inte kan
göra mig själv illa.

De vill få mig att lova en massa saker hela tiden. Men
jag kan inte lova. Har ett svagt minne att jag träffat
mitt personliga ombud. Träffade en läkare. Litar inte
på honom. Han satte ut alla mina anti-psykotiska
och satte in en ny. Satte även ut mina vidbehovs-
benso och satte in mer stående bensodiazepiner. Det
fungerar inte och jag är livrädd. väntar på om jag får
träffa honom idag igen som jag bad om, men jag
tvivlar.

De väcker mig sent, minns inte mycket av dagen,
väntar på kvällsmedicinen jag så desperat behöver då
den innefattar både Iktorivil och Temesta. Har
skrikit om mer medicin hela dagen, men tydligen äter
jag redan bensodiazepiner motsvarande 90 mg.
Stesolid stående varje dag.

Har, som alla andra dagar, spenderat dagen i sängen
och på balkongen. De ger mig Temesta på Temesta
på Temesta men ingenting tar bort vad som
försiggår i mitt huvud. Tagit sex Temesta bara idag.
Fjärde eller femte dagen utan mat och jag känner mig
matt. Damen i den andra sängen bara gråter, jag har

svårt att sova utan henne. Om jag får träffa en läkare imorgon så skriver jag ut mig.

Efva var på besök. Åt några tuggor middag, men fick inte behålla det. Läkaren var här, det var samma läkare som skrev ut mig för - vad jag tror är - två veckor sedan. Han sade att det var fel att skriva ut mig, och det kanske var sant, och höjde en av mina antipsykotiska, jag äter tre olika nu.

Skriver ut mig imorgon. Alla tror att om jag bara stannade några veckor till så blir allting bra, så blir jag fri. De känner inte luften här, hur kvav den är att varje andetag är bara onödigt, ett löjligt tidsfördriv då jag kvävs. Depressionen och isolationen eskalerar – jag vill leva!

Jag är mer zombiemedicinerad än jag tidigare varit. Jag ser till och med ut som en zombie. Men det har börjat lugna sig inuti huvudet och jag fick behålla litet mat. Tredje gången jag åt på en vecka och första gången jag fick behålla det. Någon slår i väggarna och skriker, det knastrar i fötterna då jag går.

"Hur är det?", en man ser på mig.

"Jo, lite bättre", sluddrar tillbaka.

"Ja, det syns. Sist vi rökte var dina ögon såhär", han kisar,

"Man trodde ju att det var någon jävla halv-kines som

kommit in"

"Ja, jag förstår det", de har minskat på medicinerna.

"Jaha, så du tänker skriva ut dig idag?"

"Nej, jag har hört att det inte vore en sådan lysande idé"

Och tro fan att jag säger de tre orden senare. Det var meningen att jag skulle bli utskriven idag. Har hela dagen lyssnat på personal och inskrivna som försöker övertala mig att stanna.

"Jag som trodde ni skulle bli överlyckliga att jag vill skriva ut mig då avdelningen är överbelastad?"

"Ingen här vill att du skriver ut dig"

"Nej, det märks..."

"Vi försöker inte hålla kvar dig, om det är vad du tror"

Mannen bara gråter och skriker, då mannen inte gråter, skriker, slår i väggarna, sitter i sällskapsrummet eller fyller handfaten i duschrummen med tvålskum, så vandrar han i korridoren mitt rum var beläget i. Idag såg han upp från marken då vi passerade varandra och hälsade på mig. Vi har vandrat förbi varandra otroligt många gånger men detta var första gången vi hälsade. Kändes fint på något sätt. Följande natt slog han sönder duschrummet bredvid mitt rum.

"Så, hur är det med Agnes?", läkaren synar mig.

"Bättre"

"Ja, det har verkligen varit roligt att se att Agnes faktiskt blivit bättre de senaste dagarna", jag har med mig en

sköterska på mötet

"Vad vill du tala om?"

"Jag vill bli utskriven"

"Blev du utskriven?", en man möter mig på väg från läkaren.

"Ja!"

"Skrev du ut dig själv eller skrev han ut dig?"

"Jag skrev ut mig"

"Välkommen tillbaka om några dagar!", han småskrattar.

"Nej, nog ska detta gå bra", en annan patient klappar mig på ryggen.

Vid den tiden var jag var för sjuk att åka hem, men han skrev ut mig trots det då. Denna gången var det inte strategiskt att vara så ärlig som jag varit mot personalen då jag denna gång verkligen behövde bli utskriven för att inte Agnes skulle dö inuti, då jag alltid blir ett tomt skal på en avdelning. Men jag bestämde mig för att lita på läkarens bedömning, även om jag inte litar på just den här läkaren, och så får det gå åt helvete om det vill sig så.

Kom nära en skötare. Hon hämtar mig då jag sitter på balkongen och väntar på min tur att röka, egentligen är Piteå lasarett ett "rökfritt sjukhus", och egentligen får vi inte röka på balkongen. men personer, som jag t.ex., som inte har några friheter och inte får gå utanför avdelningen måste ju även få röka.

Så vi smygröker genom att bara en person får röka åt gången, men vi får sitta flera ute samtidigt, och vänta på våran tur, för att ovanför avdelningen ligger BUPs öppenvård, och om de känner den minsta röklukt så blir vi av med balkongrökningen, och då kan de utan friheter inte röka.

Beroende på personal så skiter vi inskrivna blankt i det och röker flera samtidigt, men sköter oss exemplariskt då ciggpolisen, även kallad cigaretthitler, jobbar.

En väntetid på sjuktaxin på 1½ timme, jag beordrade dem att släppa ut mig och nekade deras förslag att vänta inne på avdelningen, frihetens luft smakade så sött i mina lungor. Efter många om och men kom jag hem till ett hem i kaos: älskade skrämmande pundarhåla: men mitt hem.

●

Byter spår, det skrämmer mig, att gå från apati till att börja bli en person igen. Det skrämmer mig att vara ledsen, grät för första gången sedan det där samtalet. Befriande och skrämmande. Det gör ont att glädjas, att älska. Så jag medicinerar bort det emotionella tjorviga helvetet, och jag är medveten om att jag är beroende, det är svårt när inga händer finns, när allting räds mig. När ingen tror på mig.

Kroppen vrider sig, allting gör ont. Fick behålla en kopp kaffe, och koffeintabletterna. Jag hoppas jag finner styrkan att inte hamna där jag inte orkar försöka mer, nu börjar ögonen bli suddiga, jag är inte samma person.

●

Sitter här i sjukhuskalsonger, svart linne med blonderings-fläckar, röda naglar. En orolig natt och regn mot morgonen, känner varje sekund som passerar mot min hud där jag sitter i smärta och jag känner mig maktlös inför livet som glider ur mina händer med en upprörd läkare och ny dosett, sex koffeintabletter och jag vet inte vad jag ska göra av dagen. Ingenting jag önskar mig, men undrar ändå: hur det känns att försvinna.

Finner inte orden. Men att höra dem, höra att hon känner det jag känner det de kände innan. I skrivande stund tycks fingrarna knastra vid känslan av tangenterna, känns som, om jag krackelerar, alla element avstängda iklädd sjukhus-kalsonger linne barfota, fryser.

Koffeintabletter och jag vet inte vad jag ska göra av dagen, vet att jag borde skriva, kan inte släppa, det, den där känslan vi båda bär. De där tankarna, ringde nattjouren som avvisade mitt samtal, ringde inte psykjouren i rädsla att bli tvångs-inlagd. *Jag försöker väldigt hårt att vara här.*

Ebba - She's found the way to no where säger:

Hej
Dig hör man inte av, lever du?

[your dear sister] säger:

ja, jag lever men har så ont att jag knappt har kontakt med någon.

Ebba - She's found the way to no where säger:

ont?

[your dear sister] säger:

Inuti

Ebba - She's found the way to no where säger:

Förstår

du lever i alla fall

i ordets bemärkelse..

[your dear sister] säger:

ja, jag andas.

Ebba - She's found the way to no where säger:

ja, det var nog så jag menade

hur är det mellan dig och Emelie då?

nej du behöver inte svara på det och nej du behöver inte säga något alls

[your dear sister] säger:

ja, jag har inte hört av henne sedan jag blev utskriven.

Ebba - She's found the way to no where säger:

okej..

är du toltalt vilsen utan henne?

[your dear sister] säger:

Ja

Ebba - She's found the way to no where säger:

jag har märkt det

du har alltid mått mycket bättre när ni haft kontakt

Kanske det inte är för mig, kanske är det bara för andra. Undrar, var du är när jag behöver dig? Undrar, varför det aldrig riktigt flyter, varför det hackar så, varför får jag inte det? Varför nekas jag det, det, det jag önskar mest av allting?

•

Nu står jag inför ännu en skymning, ännu en natt. Kramar asken med Temesta hårt i handen. Blundar mig genom det, igen. Knycklar ihop den totalt, hör blistret spricka. Spricker likt jag.

Fryser, skälver, skrivbordslampan värmer händerna. Alla element avslagna. Jag tror, jag vet, att jag redan fått mitt svar. Inför det står jag likgiltig. Jag tröttnar aldrig på att ljuga, jag tröttnade aldrig på att ljuga mig blå. Och nej, jag ångrar inte det livet jag valt.

Ångrar inte dig i mitt liv, jag går genom dagarna och ljuger. Njuter av att höra mig säga orden: njuter av mitt fantasiliv, men ibland, vid något litet tillfälle kan jag inte låta bli att gråta i ett plötsligt uppvaknande ur den där drömmen.

Trodde att, om jag inte såg ut som jag gjorde, då det hände. Om jag inte såg ut så, kanske det inte hade hänt. Kanske det inte hände, alls, så jag korrigerade mitt utseende. Kamouflerade, färgade och blekte till en orangerödbrun nyans men fortfarande, varje gång jag såg, jag ser mig i spegeln ser jag bara smutsen.

Så jag beslutade mig för att känslan, att vara den jag var då, var den känslan jag var, jag är, tvungen att acceptera: Så idag återgick jag till mitt rätta element, det svart- och sjögräsfärgade håret, för att jag inte kan ändra det, jag kan inte fly från det, allting jag kan göra är att vara mig själv.

•

Gråter, hulkar och kräks. Det luktar, smakar blod. Jag kan inte sluta, det tar inte stopp. Gråter, skakar, det tar alla krafter jag besitter.

Gråten stillas, rodnaden runt ögonen består. Är så rädd nu, är så innerligt rädd, ser bara svart. Stirrar ned i pappren framför mig och inser att jag inte orkar föra den kampen, jag orkar inte slåss längre. Jag vill bara få det jag behöver, även om jag kanske inte förtjänar det.

Orkar inte mer, står handfallen inför livet. Känner mig så liten och så obetydlig, undrar hur mycket som krävdes för dem att lämna oss. Det finns så många tankar nu, det finns inga planer men det finns gränser, det finns gränser för hur mycket en person kan finnas till inför.

Sväljer mediciner som gör mig mätt, gruvar mig inför en morgondag. Minnen vältrar sig över mig och jag kan inte värja mig, den enda personen. Jag vill bara ringa för att bli avvisad för att få värdelöshetskänslorna förverkligade, bevisade, jag orkar inte ta det ikväll. Ikväll ska jag bara läka.

Det är som skrymslen du så lätt gömmer dig i, tar inga genvägar. Rädd att bli upptäckt. Nej, tar omvägar runt mig. Runt om mig istället för genom, och ärligt talat sårar det mig. Hur hon hellre är med henne än med mig, och jag minns hon jag var, han minns hon jag var. Har raderat mappen från datorn nu, det finns ingen som förstår, det, jag förstår inte det. Hur jag kunde göra så, hur jag kunde vara, så, och det var så, nyss.

Kan inte förklara känslan, att alltid behöva vara den starka. Att aldrig få vara liten och svag och hopplös, en medveten mardröm att ständigt kvävas på så mycket och inte en enda fråga hur jag mår, hur det är, bara kvävande ord.

Tankarna springer i cirklar, de säger att jag är modig, de säger att jag är stark. De säger att jag kan, kan om jag bara vill. De påminner mig om att jag är värdefull, påminner mig om att min kropp är min kropp, påminner mig om att det var ett brott. Fimpar mig på bandaget.

Jag är så rädd. Så rädd inför fredag. Hela dagen fylld med anklagande ord och dåliga besked, jag fimpar på mitt bandage om och om igen, nio dagar, nio dygn: på fredag är jag tillbaka på ruta ett igen. Jag är så utom mig av rädsla, samtidigt en likgiltighet, låt det ske: fimpar på bandaget igen. Det gör så vidrigt ont att skriva att ögonen tåras av bara det.

Fyra timmar och en kvart kvar, så rädd att bli sviken igen, jag är rädd att såra dem. Och jag bara gråter, jag kan inte sluta. Det ligger ett laddat lugn över lägenheten, jag sitter iklädd min OnePiece och vita strumpor och dricker morgonkaffet. Katterna sover under sängen. Jag har slutat skriva.

●

Melinahus, två dagar senare flyttar jag in i en ensam liten etta på bottenplan i ett trähus de håller på att måla rött. Ett stöd- och serviceboende där jag känner mig lätt vilse och rädd, bland personer äldre än mig med varierande utvecklings-störningar och Downs syndrom, personer från rätts-psykiatrin och sedan flyttar jag in. Aningen förvirrade, dock betryggande.

En liten etta jag klär de vita väggarna i gardiner, tänder rosrökelser. Här ska jag förvaras, inte behandlas. Här ska det lindras, inte botas. Melinahus, mitt hem för år framöver.

Melker väcker mig ur mardrömmarna, han slickar mig på läpparna, spinner i takt med Baby som ligger på min mage. Vilket innerligt underbart uppvaknande, mina små skatter, i allt kaos är ni min trygga hamn. Somnar om med ett leende på läpparna.

Plockar höstlöv ur håret, regnet av anklagelser. Hårda ord, misstro, kyla, från igår har lagt sig som en frusen hinna över huden och gör mig iskall och stel. Känner mig kluven, vet inte vad jag känner för de personerna längre. Trodde mig veta vad som var viktigast för mig, nu är det helt förändrat då jag, efter striderna.

Kom hem och lade mig i sängen. Där fanns det viktigaste i hela världen för mig, de som ligger på min mage och spinner. Slickar mig i ansiktet, som visar en villkorslös kärlek, det i kontrast till allting jag, efter ett enormt trauma och så skör som jag var. Fick lyssna på, det i kontrast mot varandra fick mig att inse vad som är viktigast.

Nio dagar. Sådana fruktansvärda nio dagar. En man, ett monster, en förövare. Nio dagar blev en söndertrasad kropp, en stukad fot, sprucken läpp, blåslaget ansikte, insvept i mjuka blåmärken. Nio dagar av förnedring, smärta, ensamhet och rädsla drev mig till kvinnojouren. En ensam vecka, tusen frågor samtidigt inga alls. Poliser, jourkvinnor, inga anhöriga. Jag vågar inte berätta, jag minns inte, jag kan inte berätta.

Kattskatterna sover på sängen, svider på läpparna av allt nikotin. Dagen har varit för lång, tiden är trögflytande och smärtan minnena för med sig är outhärdlig, minnesbilderna blixtrar framför ögonen.

Kan inte gråta längre. Vill plocka upp telefonen och ringa hit personal, men jag vet att de som vet inte vågar sig i närheten av vare sig mig eller min lägenhet. De som inte vet har jag stött från mig för länge för att de skulle vilja närma sig mig. Skulle aldrig utsätta någon runtomkring mig för det som skulle kunna hända. Varken låta någon komma till lägen-heten eller låta någon bli sedd med mig.

Så jag lägger bort telefonen igen. Sätter mig till rätta i ensamheten trots att det gör fruktansvärt ont, att bli behandlad som spetälska, någonting alla flyr från. För hur länge? När är faran över? Hur lång tid ska jag spendera i ensamhet?

Om jag inte var suicidal innan, och att vara så ensam efter allting traumatiskt som jag varit med om: gör andetagen tyngre. Hur han inte bara tog sig rätten att ta från mig själv mitt liv utan nu även mina närstående. Det är ofattbart att vara med om någonting sådant under så lång tid och sedan vakna upp idag och inse att i detta står jag ensam.

Rödögd sitter jag här, söndermedicinerad, sliten och trött. Det har varit en lång och tårdränkt dag. Kvinnojouren, Melinahus, psykjouren, bensodiazepiner och ingenting har hjälpt. Ingenting har stillat det som krigar inuti mig, jag har varit så rädd, så ensam, allting de intalat mig under den veckan raserade mina närmaste igår. Vill tillbaka, här ute finns ingenting för mig. Tror inte att jag tvättat håret på två veckor, jag mår fruktansvärt dåligt, är fruktansvärt ensam.

Nästa dag vaknar tårögd igen, gråtandes och skrikandes. Nätterna är så plågsamma att jag höll mig vaken till efter tre i natt, dagarna likaså med sina minnesbilder och ensamhets-känslor.

Hur mycket de i förrgår ville intala mig att det var mitt fel håller jag fast vid de fyra kloka kvinnornas ord: som jourkvinnan sade igår: *'Agnes, det är bara okunskap. Minns du att vi pratade om det?'* Jag kramar överfallslarmet hårdare och hårdare i handen för varje dag som går.

När jag ser med mina urvattnade akvarellögon genom spegeln ser jag ett monster. Byggde upp så mycket under den veckan med de fyra starka kvinnorna på kvinnojouren. Fick mitt värde bekräftat då jag under så lång tid blivit värdelöshetsförklarad och förnedrad.

Ältar det för att det gör så ont, de fyra kvinnornas ord är långt från lika starka som mina anhöriga, om det inte gjorde ont innan. Det ekar i ensamheten och hjärtat värker då jag nu inte kan lita på någon av dem, att bli misstrodd, förnedrad.

Anklagad för att manipulera, för att ljuga, för att det är jag som försätter alla i fara, att det jag varit med om är mitt fel och att jag förtjänar det här för att jag var traumatiserad och inte handlade som jag skulle gjort om jag inte vore livrädd.

Det hänger fortfarande över mig, nu befinner jag mig inte bara i ett trauma. Utan två, att bli lämnad av dem jag så innerligt behöver under de omständigheterna som råder är ett enormt trauma.

•

Genomförandeplan. Vi sitter i köket på Melinahus samlings-lägenhet, mina tre kontaktpersoner, chefen för boendet. Det smärtar i bröstet av ångest, kämpar med att hålla fast vid verkligheten.

Ber om en rökpaus, röker på balkongen utanför, plötsligt faller jag ihop i snön, ängslighet och påfrestning får mig att svimma. De skyndar ut med filtar, sveper in mig och stöttar mig till personalens säng där jag pendlar mellan medvetande och svärta.

Lyckas få dem att inte tillkalla ambulans, ber om att få gå hem. Två kvinnliga personal stöttar mig bakom ryggen när jag tappert tar små steg hem. Sedan, så plötsligt, faller jag rakt bakåt. Kommer till när jag slår huvudet i marken. Det exploderar av personal som lägger mig på filtar och täcken, beordrar mig att ligga still medan de ringer ambulansen.

Nackkrage, syrgas och akutmottagningen på PÄS i Piteå. Ingenting brutet, hjärnskakning. Senare föreslår de att inte gå på så hårt på de kommande genomförandeplanerna, instämmer.

●

Efter regnet, en tidig morgon. Morgonkaffet och god morgoncigaretten avklarade, en hysterisk Melker härjar i lägenheten. Innan mitt innanmäte härjar ett krig mot mina tankar, hon kan träffa andra, men hon kan inte träffa mig. Å andra sidan skulle det aldrig falla mig in att skada henne, men fortfarande, det gör ont.

Talade med min läkare, hon påpekade att så fort jag råkar ut för någonting så ber jag om mer bensodiazepiner, eller lugnande överhuvudtaget, och att hon gång på gång skriver ut till mig gör henne till en medberoende. Men hon gav mig chansen att trappa ut medicinen jag tagit olovligt och skrev nya recept, höjde även min antipsykotiska till maxdos. Om det inte vänder ligger jag på maxdos på alla mediciner.

Hon är vacker, Emelie Matthew. Den vackraste kvinnan livet gett mig – och nu kommer hon aldrig mer att älska mig. Hon är stark. Så stark att det ibland, på ett skrämmande vis, påminner mig om min egen svaghet. Hon ser det inte själv, där hon står skrämd djupt bland de starka strömmarna. Hon ser inte vad jag ser, ibland sneglandes över axeln dit blicken inte når. Men jag ser dem – vingarna. De vingarna vars vingslag pulserade i takt med mina, minns du dem Emelie? Minns du örnvingslagen?

Örnvingslagen som, sida vid sida, bar oss ovan den trasiga världen nedanför. Minns då hon beskrev sin kärlek till mig och den första gången jag verkligen förstod det förtrollande djupet. Hon sa att det inte fanns några fjärilar i hennes bröst när hon såg mig, inga flyktigt eller flimrande hastiga vingslag.

Hon kände trygga och stadiga, tillförlitliga och starka örnvingslag. Att vår kärlek inte bars på sköra och så lätt brytbara fjärilsvingar, utan starka och trygga vingar av örnar. Att så länge vingarna slår, så länge vi båda bär den känslan i bröstet, kan vi klara allting.

Ligger på rygg bland isande vindar, snön smälter genom tröjorna. Vilar på mina, av tystnad och kyla, förmultnade vingar och försöker finna svar. Andningen har på något sätt eskalerat och stillats på samma gång sedan hon försvann, sedan jag vände bort blicken.

Mitt innersta väsen känner inte den betryggande pulsen av hennes vingar längre, håller mitt krossade hjärta i bräckliga händer och bär med mig de vackra minnena, som nu ter sig så smärtsamma att jag ryggar tillbaka.

För tre månader sedan dog någonting inom mig med Ulrikas död – någonting inuti mig och Emelie dog, valde att ta en paus. Såg mig själv i ögonen genom spegeln och vad jag såg var endast skärvor av den Agnes som kunde leva, som kunde älska henne rättvist.

Den vålnaden jag var, som endast existerade ständigt påverkad av Stesolid och Haldol, kunde aldrig närma sig den världsomvälvande kärleken hon förtjänar. Minns ögon-blicket – samlade fragmenten som fanns kvar av mig och tände cigaretten jag förgäves försökte hålla kvar mellan fingrarna, och, av en anledning jag aldrig kommer att förstå, svarade hon. Inhalerade röken och utandades orden om en paus. I den stunden ovetandes om att den pausen var vad som skulle ta död på oss.

Med tårade ögon står jag framför stora anklagande ord, anklagelserna som slag fick mig att rodna och

skuggas. Ord som slag som aldrig syns utanpå – inuti
är jag sargad. Att slitas mellan två världar, den
verkligheten de ser och försöker få mig att förstå,
och den akvarellrosa dimman jag kramp-aktigt
klöser mig fast i.

De försöker att nå mig, försöker få mig att förstå att
hon inte älskar mig längre. Att det inte finns några
ord om kärlek som beskriver vad hon ger mig nu, att
det i så få verkligheter kommer att finnas en tid för
oss igen.

Emelie Matthew, de säger att vi har dött, håller i
flagorna av vad som var och du är den enda som kan
tända den elden igen. Lovar dig att offra allting för
att få känna de vingslagen igen, för att få andas igen,
för att få leva igen.

♥ *Agnes is single*

♥ *Agnes is no longer listed as "in a relationship"*

Ett och ett halvt år, jag trodde att jag skulle gå under.
Åtminstone bryta ihop, eller iallafall gråta. Men
ingenting, ingen reaktion, jag antar att jag inte var så
förälskad som jag trodde. Det enda som gjorde ont
var att än en gång bli dumpad via SMS av henne,
igen, trots att vi lovade varandra att åtminstone
ringa, men den skulden får hon leva med. Har
borstat av mig den smärtan redan igår kväll.

Jag trodde att mitt trasiga hjärta skulle krossas, men
jag vaknade i en suck av lättnad. Aldrig mer. Jag lade
hela mitt liv åt sidan för henne, jag offrade min hälsa
och mitt välmående för henne. Men nu, aldrig mer.

En suck av lättnad: det känns som om jag har varit
fastkedjad i henne i ett och ett halvt år, och jag har
varit olycklig så länge, men så rädd för att vara
ensam. Nu när kedjorna krossats och jag flyger fritt
upptäcker jag att den här sortens ensamhet inte var
så skrämmande. En suck av lättnad.

•

Legat hopkurad på mitt smutsiga golv och gråtit mig
vanvettig. Ni vet den där hulkande gråten att man är
rädd att grannarna hör. Skrapar ansiktet i gruset när
jag ligger under era fötter, sparkar för allting ni är
värda.

För allting jag trodde att jag älskade och för allting
jag är som är omöjligt att älska, tycks alltid finna nya
sätt att vara självdestruktiv. Behöver inte dricka, jag
behöver inte knarka, jag behöver inte skära mig, jag
behöver inte fimpa på huden, för att skada mig själv.
Jag behöver bara andas.

Efter gråtattackerna. efter fyramedicinen lade jag
mig i sängen och bad. Bad om någon form av
lättnad, någon form av lugn. Och jag somnade med
armarna omfamnande mig själv, drömde bara vackra

drömmar. Inga mardrömmar. Jag bad om lättnad jag bad om lugn och fick sömn, jag fick lättnad och jag fick lugn.

●

Det är minusgrader inuti mig och jag får kämpa, kämpa, kämpa. Vet inte vad jag ska göra av mig själv, jag vet inte var jag ska ta vägen, jag lyckades peta i mig mat men den kom upp med ångestlågorna.

Det är minusgrader inuti mig men jag brinner, jag suktar och längtar: räknar ärr och räknar kemiska substanser, vet att jag har nästan en hel kvarting i kylen. Jag måste vara starkare än så.

Skrev ungefär två-tre A4 med radavstånd 1.0 innan tårarna började rinna, förbannade destruktiva sextonåring till pundare. Kommer aldrig orka skriva om hela långa oändliga historien som sjunger destruktivitet, alkohol, droger, ex, rakblads-romantisering.

Vill stoppa fingrarna i halsen och kräkas ut orden under några sekunder istället för att sitta flera dagar och rulla runt i misären innan jag skrivit klart.

Har fixat håret, tagit på mig rena kläder på halva kroppen, resterande halvan består av pyjamasbyxor, och är nästan redo att möta dagen. Den sextonåriga missbrukaren sitter och skriker i en drogfri tjugoårings kropp, det där bokmanuset om Älvlugnet hemsöker mig, Ulrika hemsöker mig.

Hittade ett stycke där jag fann henne liggandes i tårar på kökssoffan och hon berättar hulkande att hon försökt hänga sig, det är snart ett år sedan hon hängde sig. Får gåshud bara jag skriver om det och ögonen vattnas, hon finns överallt men inte där vi behöver henne.

Elektriska stötar genom hela kroppen. Fryser mer än jag brukar, tre tröjor och ett linne till trots. Försöker att skriva på bokmanuset. Men ingenting. Emotionell stillhet samtidigt som ett komplett kaos.

Sitter och vinglar, det känns som att jag har druckit, men vodkaflaskan står orörd. Vet inte vad det är med min kropp, elektriska stötar och svimfärdighet, jag sitter och lyssnar på meningslösa låtar och sörjer över att jag inte skrivit idag.

Smakar på metallsmaken, funderar på att duscha och tvätta håret. Imorgon ska jag fotografera mina skärsårsärr- och brännskadeärr så att jag kan skicka in till försäkringsbolaget, för att jag känner, att snart trillar jag dit igen. Den destruktiva tonåringen skriker inuti mig, dygnet runt.

●

Det jagar mig, de jagar mig. Jag hör hur deras upphetsade, tunga, andetag då rädslan tar vid. Någon står bakom mig och jag hör hånskratten, hör de anklagande orden.

De blå kapslarna gör inte mycket, jag får kämpa för att inte fimpa mig på armen. Vill fimpa mig i ögonen för att slippa se allt detta, vill fimpa mig i hjärtat för att slippa känna detta. Vill känna stanken av bränt, dött, kött.

Att hålla mig från självdestruktiviteten är min, genom tidernas, största utmaning. Behöver bara hålla ut ett tag till, bara ett litet, litet, tag till. Ett enormt tag till, jag vet inte vad jag ska göra av mig, jag vet inte var jag ska ta vägen.

Vet inte vad jag har gjort sedan jag tog åtta-medicinen. Blackout, minneslucka, jag minns ingenting. Det var längesedan det hände, men det är oerhört obehagligt. Det är inte så konstigt att sådant uppenbarar sig, när jag mår så fruktansvärt dåligt som jag gör.

Ingen bensodiazepin i världen kan få detta att försvinna, overklighetskänslorna, overklighet-supplevelserna, minnena av övergreppen. Allting den kan göra är att dämpa, gömma undan. Men jag vet var det finns, att det finns.

Det har gått över två månader och jag har fort-farande gråtattacker minst två gånger om dagen, har lyckats avverka fyra stycken idag. Det förtär mig. Hackar hål på hjärtat och ur det stora hålet läcker det ut trögflytande tjära. Hatar honom för vad han gjorde mot mig. Hatar vad hon gjorde mot mig. Hatar vad jag känner, jag bara hatar.

Nedräkning till nattmedicin, tjugotre minuter. Hela dagarna är en enda lång nedräkning till att dagen skall sluta, varje andetag gör outhärdligt ont, varje rörelse gör fruktansvärt ont. Har bara ont, elektriska stötar genom kroppen och jag misstänker att det är mitt låga blodtryck och höga puls som spökar. Fryser och skakar, skakar och fryser. Jag vill inte vara innan mitt skinn nu.

Personal: Känner du dig helt förstörd?

Jag: Ja: jag är helt förstörd.

Personal: Du ser helt förstörd ut.

Jag: Jag känner mig så jävla förstörd.

Pang, pang, pang, jag bara föll, faller fortfarande. Till oänd-liga bottnar, ser ljuset hastigt försvinna när jag tittar uppåt då jag faller i min avgrund. Tog tiomedicinen tidigare för att lugna stormen.

Behöver någon, jag behöver någon, nu. Kan inte vänta, jag är så nära gränsen och rakbladsabstinensen blir värre för varje sekund. Varför gör det ont i lungorna då jag andas?

Hela köket, där jag sitter, doftar te. Hjärtslagen har

började lugna ned sig. Fyra lugnande och två sömnmediciner senare börjar jag närma mig tanken att närma mig sängen. Det har varit en svår dag idag, en lång dag, lyssnar på KENT som får vagga mig till sömns.

Efter övergreppen blev jag någon annan, jag tänker jag känner inte samma saker som innan, det var septembers skymning, det var nio dagar, har förvandlats.

Fläkten på datorn stannar likt mitt hjärtas lilla röst avtar, det är svårt att veta vad som är rätt då jag håller handen knuten framför munnen så att syret inte når mig. Vet att jag är på rätt spår, vet att de blinkande lysrören leder mig rakt ned i avgrunden. Ångrar hela dagen igår, idag är en ny dag att förgås och tyna.

Magen vänder sig ut och in inför skräcken, samtidigt fylls jag av en kraft jag tidigare varit oförmögen att känna. De senaste tre månaderna tärde på min kropp samtidigt gav mig en makt över mig själv jag inte haft tidigare. Tre månader att förstöras och resa sig igen på skälvande ben och står stadigt lutad mot sjukdomarna.

Minns resecentrum i Uppsala, minns turklivs i Skutskär, minns deras famnar. Om det vore som då, om det vore som då skulle jag inte känna den här skulden, ångern vid uppvaknandet och hoppet om en ny dag.

Tepåsen gick sönder i koppen, blundar inför det uppenbara. Fortsätter framåt i tiden samtidigt bakåt i nuet, det är så svårt att veta hur länge till orken att fungera håller i. Står i startgroparna till skrivandet, någon måste få veta. Hela världen måste få veta var jag varit. Var jag är. Vänster hand domnar tidvis, stannar upp och känner.

Katterna lever om, varenda matta hopskrynklad, förlorade kraften och faller tillbaka i soffan. Håller varsamt hjärtat i handen, trycker på pausknappen och borrar in nageln i det, för att känna någonting. *För att känna någonting.*

Det finns känslor jag inte kan kontrollera, tankar jag inte kan styra. Sådant jag inte får prata om, sådant jag inte kan prata om. Har tagit alla mediciner och det är en befrielse i sig, men det är långt från tillräckligt. Orkar inte befinna mig i det är ensam, det innan sömnen är så skrämmande, ryggar tillbaka varje kväll. Och det kan inga mediciner ta bort.

Legat fängslad hela natten, i det lilla utrymmet jag kröp inuti i slutet av september, av rädsla. Och han låste om mig, ligger kvar där än. Jag tog några stapplande steg framåt, har tagit fler tillbaka. Passerade ruta ett för längesedan. De kallar mig stark, de kallar mig modig, de kallar mig en krigare, en hjälte. Jag är ingen hjälte, jag är feg och jag är svag. Var oerhört feg och svag. Nuddar vid tanken på att ta på mig skulden, Ansvaret, Men backar. Det är ingenting, detta är ingenting jag vill ha på mitt samvete.

Det är så förrädiskt, trummar med fingrarna på tangenterna utan att skriva någonting. Varje tryck på dem ömmar fingertopparna. Så jag skyndar mig, på något sätt, som om någon betraktar mig.

Som om att jag skriver är fel, som om jag vill hinna innan det upptäcks och de hinner ikapp mig. De runtomkring står frågande, och jag förstår inte vad som är så svårt att förstå. Hur kryptiskt kan det vara, det är så självklart, självlysande.

Biter mig i läppen. Vet att det är fyra blå om dagen eller avdelningen och injektioner, det finns så många hot, alla från olika håll, alla från motsatta håll. Någonstans där i mitten sitter jag och existerar som en av alla de andra, men ändå inte.

Någonstans där i mitten sitter jag och rösterna från dem som älskar mig och dem som hatar mig haglar över mig och jag blir ambivalent. Någonstans där i mitten sitter jag med en decemberblek hy som lyser i mörkret utan att någon lägger blicken på mig. Möter mig med blundande ord och orättvisa hot, anklagelser.

Förstår, jag förstår att jag är sjuk, förstår att detta bara spär på, förstår oron. Tro mig, även jag är anhörig. Vet hur det känns då någon faller ihop på bäddsoffan i andnings-depression, vet hur det känns att se den man älskar mest av allting med sondslang i näsan, vet hur det känns att sitta bredvid en kärlek som hackar lina efter lina, vet hur det känns att se på då det värdefullaste jag har faller ned i alkoholism, vet hur det känns att leta dagar och nätter efter försvunna personer, vet hur det känns att vara trippvakt gång på gång, vet hur det känns att lämna någon som mår fruktansvärt, vet hur det känns att pressa någon till att göra slut och lyckas.

Jag lyckades.

Blodet rinner, en stilla ström mellan mina fingrar då jag skälvande tar bandaget om hennes handled i min hand. Ser mig om i den lilla ettan, kaotiskt målad med blod. Sätter mig ned bredvid henne, stryker håret ur ansiktet, pussar henne på pannan, vaggar henne lugn, kallar alla hjärtan för att lappa ihop hennes trasiga, min älskade Christel.

"Vi säger inte att hon har försökt hänga sig", viskar hennes mamma till mig innan vi stiger in på akuten i Sunderbyn. Vill skrika till stämbanden blöder: 'hon kommer dö för helvete!', men låter tystnaden överrösta.

Luften är full av glas och spik, varje andetag gör ont. De lägger henne på en bår, jag står bredvid och vägrar släppa hennes hand. Det finns ingenting att säga, är rädd att jag går vilse bland de orden som inte sägs, trots det vilar tystnaden över mina läppar. Hon ligger med kisande ögon, halvöppen mun med ånga som stinker vodka.

Plötsligt ser jag andetagen avta, innan hon sluter ögonlocken rullar ögonen bak i huvudet. Huden vit som krita, ögonlocken mörklila. Vrålar åt hennes mamma att hämta en läkare, att bara hämta någon. Hon tvekar innan jag upprepar vansinnesvrålet, hon rusar ur rummet. Jag skriker och gråter och skakar i henne, tänker: 'ska jag se henne dö nu?', måste hålla i britsen för att inte falla till golvet. Håller krampaktigt med högerhanden om hennes vänstra. Hon var borta i tjugo minuter.

Väl tillbaka i lägenheten torkar jag blod, kastar bort papper, handdukar. Mina kläder stela av blod, sover ingenting, vakar över mitt hjärta som andas djupa andetag i sängen. Innan jag *åker plockar jag med mig varje kniv, sax, nagelsax, rakhyvel, pennvässare. Hon har inte vaknat innan jag går till bussen. Försöker göra allting, kan inte göra mer.*

Märket runt Christels hals har etsat sig fast i mitt minne, minnen av blod fäller mig på köksmattan där jag skriker rakt ut. Sover ungefär två timmar på golvet av utmattning, känner mig skyldig av anledningar jag inte kan förklara för er. Det blixtrar till framför ögonen och jag är i den nedblodade lägenheten igen: det blixtrar till igen och jag ser mig själv skrika och skaka i en livlös kropp på akuten.

Minns att min hud blev askgrå i den stunden. Det är den fortfarande.

Väcks till dånet av badrumsdörren hon våldsamt smäller igen och låser. Omtöcknad reser jag mig ur soffan, det är natt, Christel har hittat min vodka. Från köket hör jag duschdraperiet prassla i badrummet, sedan tystnaden. Mina nävar träffar trädörren häftigt, skriker i vild panik.

Med en skruvmejsel lyckas jag låsa upp dörren, där hittar jag henne. Upphängd i duschdraperiet. Knyter upp knuten med skälvande fingrar, tankar som rusar. Hon vaknar till då hon slår huvudet i toalettstolen där hon rasar ned, hjälper till då hon reser sig.

Hon slår bort mig från henne, vinglar in i köket och sveper det sista ur sjuttisen. Precis som ingenting hade hänt, precis som om inte min själ kommer

tappa höjd den natten, och oförlåtligt aldrig kommer
att stiga igen. Bönar och ber: 'snälla låt oss gå och
lägga oss, snälla'.

"Jag ska bara byta tampong", spriten gör hennes ord
svåra att förstå.

"Ja, men du får fan varken stänga eller låsa dörren"

"Det tänker jag fan visst göra", knuffar in mig hårt i
väggen,

skyndar sig, låser.

Hör det fruktansvärda ljudet igen, det skarpa ljudet
duschdraperiet ger från sig när jag hör henne
återigen knyta det runt halsen. Letar efter
skruvmejseln jag kastat från mig, låser upp dörren,
där hittar jag henne. Igen, återigen hänger hon där
med slutna ögon och ett svajande medvetande.

Försöker desperat få upp knuten, när jag inte lyckas
sluter jag händerna runt duschdraperistången, med
ett kraftigt ryck sliter jag ned den. Lyckas få loss
knuten runt hennes hals med panik i händerna. Hon
faller åt sidan, ned på badrumsgolvet, vit i ansiktet
med ett rodnat märke runt halsen. Tar ett steg
tillbaka, ser på henne. Ser, känner, två hjärtan som
svalnat.

Sätter händerna framför ansiktet, rusar in i en
glasbubbla. Hör inga ljud, undantaget min puls som
rusar innan tinningarna, mitt lilla stackars fågelhjärta.
Ser på henne, bara ser på henne. Vad händer om jag
går vilse bland orden jag inte hittar? Om jag räddar

hennes liv, om jag inte räddar hennes liv, vem ska rädda mig?

En lång stunds tystnad, jag krossar glasbubblan, där jag stirrat på hennes livlösa kropp. Skriker rakt ut, ett vansinnesvrål jag aldrig tidigare brukat.

”SOS alarm, vad har inträffat?”

”Hon har försökt hänga sig i duschen två gånger!”

”Vem, vem är det som har försökt hänga sig?”

”Min flickvän”

”Andas hon? Kontrollera om hon andas”

”Nej! Helvete, hon andas inte!”

”Vi har en bil på väg. Försök att hålla dig lugn, sitt med henne och försök se till att hon andas”

Ambulansmännen stormar lägenheten, släpar henne efter golvet ur badrummet. De lyckas få liv i henne såpass att hon kräks. Jag pussar henne på pannan innan de lyfter henne i ambulansen. Sedan lämnar de mig, de lämnar mig där i hennes spyor. Jag fick sedan reda på att om hon hade gått och lagt sig med mig hade hon dött under natten av alkoholförgiftning. Den natten räddade jag ett liv, tog nästan ett.

Ringer akutpsykiatrin i Piteå, talar länge, många gånger under natten. Gråter, hulkar, vrider mig i smärta på köksgolvet. Ser det framför mig, ser henne hänga i duschdraperiet, hennes livlösa kropp. Blir uppmanad att ta mer och mer medicin, ingenting stillar mig.

"Vi vet inte vad vi ska göra av dig, vi skickar en bil
så får du åka till akutpsykiatrin i Sunderbyn."

Strålkastarna från bilen klyver mörkret och den
fallande snön i decembernatten. Väl framme får jag
komma in till läkaren direkt.

"Du får absolut inte åka hem i detta skicket, så jag
skriver in dig på avdelningen. Men din vän ligger ju
också här, hur känner du inför det?"

"Jag orkar inte, jag orkar inte bry mig"

Det är inte förrän jag sätter mig på sängen som
gråten återkommer. Lägger armarna runtom mig,
viker mig dubbel av smärta.

"Visst lugnar du ned dig nu? Agnes? Visst lägger du
av med det nu och försöker slappna av?"

"Hur i helvete ska jag kunna lugna ned mig när hon
försökte hänga sig i min dusch?!"

"Jag förstår att det gör ont, men lägg dig ned nu,
visst? Sådärja", hon tar av mig skorna och jag sätter
mig i skräddarställning, hon brer om benen med
täcket, jag gråter hysteriskt och skriker rakt ut.

"Agnes? Agnes? Lägg dig ned nu", hon tar tag i mig
och tvingar mig ned på kudden. Två tior Stesolid och
två sjuochenhalvor Imovane senare sover jag
äntligen.

Dagen efter vaknar jag tidigt, de fyller mig med
mediciner, de ger mig tillräckligt med piller för att
stänga ute allting. De uppmanar mig att äta, säger att
jag ser blek ut. Ber dem låta mig sova.

”Kan du inte följa till matsalen?”, min rumskamrat lockar mig. Vi går till matsalen på vår sida av avdelningen, på vägen dit ser jag henne, det blixtrar till framför ögonen, hon som hänger i snaran. Stänger av och går förbi henne, hon tar tag i mig.

”Vad fan gör du här?”

”Vad fan tror du?”

Förenas i en kram innan en skötarna hinner sliter oss från varandra in i varsin vägg. Christel förbjuds att vistas på mitt rum, smyger in och blir utplockad, smiter in igen och så fortsätter det under dagen. Utan hennes sällskap, bara tomhet.

”Vi har bestämt att du ska åka till avdelningen i Piteå idag”, läkaren tittar trött på mig.

”Men det är ju söndag? Ni skickar aldrig någon till Piteå på kvällar och helger?”

”Det är inte bra att du är nära din vän. Du är inte bra för henne. Hon behöver vila”

Under taxiresan stänger jag av, skyndar mig till rökrutan innan jag vinglar in på avdelningen. De leder mig till sal 8, där jag legat så många gånger tidigare. De förklarar att den delen för personlighetsstörningar, ätstörningar och depressioner är full, så jag får ligga på delen för psykos och missbruk. Får sängen vid fönstret. De går genom min väska, när de lämnat mig kryper jag upp i sängen, drar upp benen under hakan, gråter hjärtat ur sin plats. Minns att jag frös till is.

"Här får du middag, Agnes. Agnes? Agnes, visst försöker du äta? Agnes? Hör du mig, Agnes?", äter ingenting, de plockar bort brickan. Minnesbilderna kommer som blixtar framför ögonen, jag gråter tills jag kräks vitt skum.

"Hur är det gumman? Vill du prata?", min rumskamrat sätter sig på sängen bredvid mig, "Vill du att jag ska trycka på larm-knappen? Vill du att någon ska komma till dig? Gumman?"

Lyckas ta mg ut och röka mot kvällen, min rumskamrat stryker mig på ryggen, tror att hon känner att jag håller på att gå i bitar. Larmar direkt jag kommer in.

"Men hur riktigt är det med dig Agnes?"

"Jag behöver någonting lugnande och någonting mot rösterna, ni måste ringa läkaren"

"Läkaren vill inte skriva ut någonting åt dig, du får vänta till imorgon då det är rond"

"Men jag kan inte vänta! De skriker så högt och jag har sådan ångest att jag går sönder!"

"Känns det som om du kanske kommer att skada dig?"

"Jag vet att jag kommer att skada mig"

Hon lämnar mig där. Ligger i fosterställning i flera timmar, tar mig tillslut ut för att röka. Kemikalierna bränner i halsen. Sätter mig i sängen och gnager, klöser upp knogarna på höger hand, lyssnar till deras skrik, ser henne hänga i draperiet. Min rumskamrat larmar en skötare.

"Får jag se din hand?", jag visar henne.

"Jag sa att jag skulle skada mig, men ingen lyssnar" Hon går för att hämta omläggningsgrejer för att lägga om och tvätta rent.

"Visa mig andra handen", hon lägger om såren på armarna och de resterande knogarna.

Får medicin och min rumskamrat lämnar två kakor på mitt nattduksbord och går sedan och hämtar en näringsdryck och en banan.

"Du måste äta, du får pluspoäng hos läkaren om du äter. Kan du inte äta lite för min skull?"

Äter ingenting.

"Jag vill bli utskriven idag", sitter framför en skötare.

"Jag ska framföra det till läkaren"

Några timmar går, jag vandrar mellan sängen och rökrutan innan ronden är över.

"Du får inte skriva ut dig idag, du måste stanna minst till torsdag då vi har rond nästa gång och om du försöker skriva ut dig innan det så får du LPT", läkaren talar med en auktoritär röst.

"Jag behöver någonting mot rösterna och ångesten, jag orkar inte mer, jag står inte ut"

"Jag vägrar skriva ut mer mediciner åt dig, du äter mediciner som kan få en elefant att somna"

”Men varför sover jag då inte? Varför hör jag de här rösterna?”

”Det har jag inget svar på”, hans ord följs av en lång tystnad.

”Jag är färdig här”, stormar ut ur samtalsrummet och blir insläppt på avdelningen, skötaren som var med mig hos läkaren springer efter mig, ropar mitt namn och tar tag i mig.

”Det är middag nu, ska du inte försöka äta?”

”Jag vill inte ha någon jävla mat”, väser jag tillbaka och rusar vidare, hon ropar mitt namn, men jag stannar inte upp.

Min rumskamrat har åkt hem, lägger de vita kuddarna vid fotändan av sängen och ser ut genom fönstret. Håller händerna om magen, det gör så fruktansvärt ont, jag skriker av smärta. Ger in för rösterna och smärtan, lutar mina uppdragna ben mot väggen, lägger en arm under huvudet och den andra vilar på magen och försvinner.

Vaknar av att tre skötare kommer in med olika maskiner.

”Agnes, vad har du tagit för någonting?”

”Jag har inte tagit någonting. Vad är klockan?”, hon svararatt den är nästan åtta. Jag har förlorat tre timmar i dimman. De tar mitt blodtryck som är lågt, blodsockret lågt, pulsen hög.

”Du är så hemskt blek”

Stöttar mig efter väggarna för att gå ut och röka, en

tjock dimma framför ögonen, känner mig svag och förvirrad. Ber om tändstickor då de beslagtagit min tändare. När jag kommer in försöker de ge mig mina mediciner. Tar dem i handen, lägger de två blå på bordet, sväljer de andra utan ett ord.

"Visst tar du de andra också? Det är jätteviktigt att du tar dem, det vet du, annars blir du sämre"

"Jag får inte"

"Så, nu tar vi dem", hon lägger dem i min hand och för den mot munnen. Det tar minuter innan jag vågar svälja dem.

Vaknar vid sjutiden och vinglar ut på avdelningen för att röka.

"Sov du oroligt? Jag hörde dig skrika", en skötare fångar min uppmärksamhet. Nickar, röker, omsluter mig med sömn, sover några timmar. De fyller återigen min hand med tabletter.

"Jag får inte ta dem", känner sköterskans blick som nålar.

"Jag bestämmer och du får visst ta dem"

Det tar en lång stund innan jag motvilligt tar dem. Sätter mig på sängen, det blixtrar till bakom de stängda ögonlocken, minnesbilderna, skriker i kupade händer, försöker djup-andas. Hur ska jag kunna andas när det oförlåtligt brutalt fruktansvärda nästan hände? Varför ska jag andas när jag inte vet hur hon mår?

Då jag stillat gråten ringer jag på larmknappen.

"Hur verkligt är det med dig Agnes?"

"Jag vill bli utskriven"

"Är du säker på att det är en sådan bra idé? Ska du inte stanna hos oss några dagar till och vila upp dig?"

"Nej, jag ska hem nu"

"Jag ska framföra det till läkaren"

Lägger armen under huvudet i sjukhussängen och ser ut genom fönstret, en skötare kommer in, ser att såren vätskat genom de omlagda knogarna, under tiden hon går och hämtar nytt bandage sliter jag av mig de gamla och stirrar in i de infekterade såren.

"Är det verkligen så bra att du åker hem nu?", hon tvättar tålmodigt såren.

"Min själ dör på en avdelning, se på mig, jag dör"

En annan skötare kommer in, meddelar att jag blir utskriven. I väntan på sjuktaxin står jag i rökrutan, en gammal missbrukare jag träffat förut tilltalar mig.

"Välkommen tillbaka, jag visste att du skulle komma tillbaka"

"Nej, jag ska ut nu. Och du sitter fast här", jag tar mina saker de låst in och lämnar avdelning 25, sal 8. Min själ andas och flyr.

Om vi hade gått och lagt oss som jag sade att vi skulle, hade hon dött av alkoholförgiftning. Om ni som jag vaknat bredvid ett lik, skulle inte ni känna skuld?

Sitter och lyssnar på VNV nation. Är så fruktansvärt

trött, litet sömn för tredje natten i rad. Försöker att vila men det blixtrar och dånar under ögonlocken, hur hon hänger i snaran. Det känns som en evighet sedan jag blev utskriven från psyk när sanningen är att det inte ens har gått en vecka. Känner mig svag, skör, bräcklig.

●

Sörjer det livet vi hade, planerna vi hade. Hur vi skulle bli gamla och skrynkliga tillsammans, hemligtboken, vitt vin, rosa kamouflagepåslakan med dödskallar. Om vem som skulle bära barnet, men det blev aldrig så, det kommer aldrig att bli så. Vi kommer inte att bli gamla och skrynkliga tillsammans, kanske är det någonting bra.

Kanske det som kanske kommer hända blir till någonting mycket bättre.

♥ *Agnes is no longer listed as "single"*
♥ *Agnes is in a relationship*

Vet inte vad som behövs, vet inte var jag ska börja, känner mig så oerhört tom. Tömd på allting, det känns som om jag sitter kvar i hösten fortfarande. Övergreppen släpper inte taget om mig. Håller älvan jag har runt halsen som jag fick av Dännis hårt i handen och försöker att inte glömma, men det bleknar så lätt, och ensamheten blir total.

Är blind, vet inte om jag är på rätt väg eller störtar igen. Blinkar så sällan för att det ögonblickliga mörkret visar så många hemska minnen, hur hon kunde vara så ur kontroll, hur han kunde göra mig så illa.

Det känns som om jag gör alla besvikna bara genom att vara mig själv, bara genom att vara lilla Agnes, tror att en av anledningarna jag vill ligga i någons famn är för att få känna mig mindre. Att få vara mänsklig, att på något sätt visa att jag är liten och skör, inte den övermänskligt starka personen som klarar av allting som jag ger skenet av att vara.

Vaknade vid halvsextiden, är så fruktansvärt trött. Trött i kroppen, trött i sinnena, trött på att ha det såhär. Har druckit morgonkaffe och rökt. *Älskling, jag drömmer sådana mar-drömmar.*

Det har börjat skymma ute, det skymmer inuti mig, lyssnar på lugnande musik och försöker att skriva, bearbeta övergreppen och hennes självmordsförsök. Men ångesten biter och river inuti och jag får inte ut ett enda ord, ögonen är torra.

Önskar att jag fick känna någonting annat än svart och vitt, att det fanns gråskalor, ska klara mig genom helgen. Om det inte känns bättre på måndag lägger jag in mig, vägrar sluta med den här medicinen. Den har hjälpt förut och den måste hjälpa nu, *annars vet jag inte vad jag gör.*

Nu hänger nya duschdraperier i badrummet, de liknar inte de gamla, men ändå blixtrar det förbi ögonen varje gång jag går in i badrummet.

•

Vi, Christel och jag, har skrattat, dansat och hånglat in det nya året. Lät henne krossa alla murar jag byggt, sänkte garden och har aldrig känt en sådan intensiv saknad och längtan som jag gör nu då hon åkt hem till Boden, allting känns så overkligt, det går knappt att förstå, men hon är min och jag är hennes, på riktigt.

Önskar att jag kunde skriva, har sådana stora drömmar, bara några meningar, har stannat av. Tänker tillbaka på de tiderna där jag skrev fantastiska saker dagarna genom med magiska fingrar, och minns när jag tog fantastiska fotografier. Önskar att jag kunde gå ut, vill till gamla järnvägsbron. Efter övergreppen har jag bara gått längre än till soprummet en gång, är livrädd.

Sitter och lyssnar på låten som fick mig att bli förälskad i Marilyn Mansons musik, och tänker tillbaka på vodkanätterna och önskar att jag kunde minnas första gången det var trevande fingrar i mitt sköte.

Imorgon kommer Christel och den längtan räcker för att hålla mig ovan ytan idag, men: *jag bara minskar.*

Det har varit Marilyn Manson, kyssar och kärlek. Nu är hon hemma hos sin mor för att umgås, ensamheten blir så påtaglig då jag umgås så intensivt med någon. Hon stannar en natt till, för att sedan åka tillbaka till Boden.

I avsaknaden känner jag mig olycklig, är kär och jag är galen, men det tar inte bort ledsamheten för mer än de ögonblicken vi delar. Känner mig inte som mig själv just nu, det är sällan jag gör det nuförtiden.

Det är som att det är den nya medicinen som förklär mig, var inte sådan här innan den, vet inte hur länge till jag orkar hålla mitt löfte och det skär i hjärtat. Saknar henne och jag saknar det destruktiva vi delade, men det vore ett stort misstag, det vore mitt största misstag

Psykväskan är redan packad sedan måndag, vaknar tidigt med en brännande ångest och packar det sista. Tänker att: detta klarar jag aldrig själv, det var som om min näst sista livlina gått av. Försöker att få tag i min kontaktperson på psyk, efter några timmar ger jag upp och ringer rådgivningssjuksköterskan och får veta att, precis som i måndags, är avdelningen full.

Rådgivningssjuksköterskan råder mig att komma in på bedömningssamtal ändå då jag är i så dåligt skick och varken har kontroll eller litar på mig själv. Ringer en sjuktaxi och behöver inte vänta länge innan jag är på väg till Piteå.

Drar i mig några bloss innan jag går in, ångesten river och sliter inuti och jag är nära till tårar. Får träffa en läkare direkt. Han lyssnar ordentligt, verkar förstå och är mjuk på något sätt.

Han förklarar att det är fullt på avdelningen både i Piteå och Sunderbyn och det är som att jag hör vad han säger, men jag förstår inte orden. Han föreslår att jag ska åka till Gällivare, Gällivare ligger väldigt många mil bort och jag får inte mycket till betänketid. Jag bestämmer mig för att åka hem.

Läkare: Kan du lova mig att du inte kommer att skada dig?

Jag: Nej, det kan jag inte lova.

Vi pratar en stund till och tillslut ger jag upp.

Jag: Fan, skicka mig till Gällivare.

Läkare: Det är bra att du tar din situation på så stort allvar.

Senare sitter jag i en taxi som kör mig genom skymningen till Gällivare. Timmar efter det sitter jag och röker i ett parkeringshus i Gällivare utanför jourmottagningen, de låter inte mig sitta ensam i väntrummet där jag väntar på en läkare. Väntar i nästan två timmar, för ytliga samtal med skötare och dricker svart kaffe. Får prata med en läkare, jag försöker att fokusera på samtalet men jag bara glider iväg. Hon tar min puls: hög. Mitt blodtryck: lågt.

Läkaren skriver in mig på och en skötare visar mig runt på avdelningen. Det är fyra korridorer som står i en fyrkant och i mitten är det en innergård där det står en liten rökstuga, det finns tre sällskapsrum och en matsal. De tar ifrån mig mina tändare och går genom min väska, jag får sal nummer elva.

När jag ser henne stå i korridoren släpper jag väskan till golvet, springer mot henne. Vi förenas i en lång, hård kram. Det är Maria, som jag låg på BUP med för fyra år sedan. Vi kom varandra nära, när vi skulle skiljas åt bytte vi inga telefonnummer och hade inget sätt att kontakta varandra. Vi lovade att en dag skulle vi ses igen, och nu är den dagen här. Fnissar av glädje i hennes varma famn.

Ett enkelrum med egen dusch och toalett, det är sent och jag ska få mina mediciner, men de har inte alla mina mediciner på avdelningen, så för att kompensera får jag två av mina vidbehov-antipsykotiska, hade redan fått en i väntrummet, och minns inte mycket av resten av kvällen, mer än att jag får panik och att det inte finns någon larmknapp på rummet. Resten är svart.

De väcker mig runt halv åtta och ger mig min morgon-medicin, märker att det fattas någonting men är för trött för att ta upp det, de låter mig somna om och jag sover till lunch. Då de väcker mig, men jag vägrar äta.

Får träffa avdelningsläkaren som anser att jag äter

alldeles för mycket mediciner, men bestämmer sig för att inte ändra någonting. Ligger i sängen hela dagen, förutom då jag röker. Mot eftermiddagen möter jag en man i rökstugan, han presenterar sig som Kent, är drygt 60 år, har knallrött hår och stammar.

"Du måste komma ihåg de tre F'en", han tänder cigaretten.

"Jaha", jag tänder min.

"De tre F'en: frid, fred, frihet"

"Jaha"

"Ja, för först kommer frid, och då blir det ju fred... ja, och sedan kommer friheten"

"...jaha"

Maria kommer till mitt rum och mina fingrar vibrerar då jag kollat fönstrets lås, som jag alltid gör när jag blir inlagd och får ett rum.

"Gissa vad?"

"Vad?"

"Ett av fönstren är olåst!", jag spritter i rösten.

"Oh my god! Du säger det väl inte till personalen?"

"Nej, herregud, nej"

Sätter mig i min säng med min musik och timmarna går, en skötare lyckas tvinga med mig till matsalen där jag lyckas få i mig lite mat och sedan återvänder jag till rummet och en tjej jag bytt några ord med frågar om jag ska äta kvällsfika med henne och vi röker sedan, hon heter Frida.

"Du ska hålla dig borta från honom", Frida nickar mot Kent som sitter i rökstugan.

"Jaha? varför det?"

"För att han är störd, han frågade om han fick ta mig på brösten tidigare"

Då vi kommer in sätter vi oss i vårt sällskapsrum och jag får mina åttamediciner och det är fel tabletter igen, nu har jag fått fel mediciner hela dagen, innan jag går och lägger mig går jag och Frida ut och röker i rökstugan, sedan kommer Kent.

"Jag har inte knullat på ett år", Kent yttrar sig.

"Håll käften, vi vill inte veta!", Frida höjer rösten.

"Ja, en jag tänkte bara så ni vet..."

"Men håll käften!

"Ja, vi vill inte veta", jag försöker lugna situationen.

(tystnad)

"Fan vad jag fryser, håll om mig"

"Aldrig i helvete! kan du inte bara hålla käften?!"

Natten nalkas, jag ligger i sängen, känner vansinnet överallt på min hud. Rösterna är outhärdliga, paranoian skaver. Gällivare vuxenpsykiatri har inga larm på rummen, jag har vak, får inte stänga rumsdörren, de besöker mig varje kvart. Det är vinter ute, tar inte länge innan jag drar på mig mina sneakers och i nattlinne med bara ben hoppar jag ut genom fönstret.

Tänker att Maria kommer att bli besviken, jag lovade henne att hon skulle få rymma. Landar i en snödriva, snö nästan till brösten. Pulsar till andra sidan gångstigen och lägger mig i snön. Känner min kroppsvärme smälta de vita kristallerna och kylan tränger sig på. Kölden får mig att känna mig levande, motar bort overklighetsupplevelserna, rösterna.

När jag legat i snödrivan över en halvtimme reser jag mig och går till huvudentrén och ringer på klockan. Skötarna stirrar på mig med frågande ögon.

"Vad i helvete gör du där?"

"Jag ville frysa", jag har inget bra svar och de följer mig tillbaka till rummet, låser fönstret. Kommande dag ska Maria kvida av ilska att jag förstört hennes flykt.

Väcks halv åtta och får, återigen, mina mediciner fel. Är för trött för att argumentera och somnar om och sover till lunch, ber att få se utskrifter på mina medicinlistor och att få prata med en sjuksköterska, vi går genom listorna och nästan allting är åt helvete fel. Vi ändrar så att nästan allting blir rätt och sjuksköterskan påstår att jag sagt ifrån mig en medicin som jag aldrig skulle tacka nej till då jag verkligen behöver den, men jag orkar inte tjafsa.

Frida knackar på dörren och undrar om jag ska ha
någon lunch, och vi röker efteråt, efter en stund
kommer Kent till rökstugan.

"Jag vill ha bröstmjölk"

"Men håll käften! Fan vad äcklig du är!"

Spenderar dagen med Frida, vi växlar mellan vårat
sällskapsrum och rökstugan och den där Kent.

"Jag önskar att jag kunde duscha, men jag har
silverfisk i min dusch", jag beklagar mig.

"Du kan få låna min dusch, vi kan duscha
tillsammans"

"Kent, håll käften!", Frida är rasande.

"Nej tack, det vill jag inte", jag avböjer.

"Vill du att jag ska skrubba dig på ryggen?"

"Men för helvete, nu håller du käften!"

"Men jag måste ju få fråga!"

"Eh... nej, det vill jag inte", jag avböjer igen.

"Du kan få skrubba min rygg"

Mot kvällen blir overklighetsupplevelserna för
kraftiga och jag ber om min vidbehov-antipsykotiska
som är en Velotab, men jag får en vanlig tablett.

Ligger i en av sofforna i vårat sällskapsrum och plötsligt blir allting svart.

Frida sade att det såg ut som om jag var död och att hon hade försökt väcka mig flera gånger, en sjuksköterska lyckas få liv i mig och ger mig åttamedicinen. Vid niotiden ber jag om mina insomningstabletter och somnar direkt.

Vaknar vid halv åtta, nästan rätt mediciner. Klev upp ur sängen, drack morgonkaffe och satte mig i fåtöljen i sällskapsrummet. Här någonstans blir det farligt, vill inte åka hem längre. Gav upp, jag röker varje timme och sitter i sällskapsrummet med Frida och Kent håller sig på avstånd. Har slutat längta hem.

Frida vaknar, vi går ut och röker, när vi kommer in vinkar en sjuksköterska in mig på ett samtalsrum.

"Hur skulle det kännas för dig att skrivas ut idag?"

"Jag är absolut inte redo för det"

"...för du har ju ditt boende"

"Ja, men de behandlar mig inte, de finns bara där som stöd i vardagen"

"Det var ju meningen att du skulle bli förflyttad till Piteå men de är fortfarande överbelastade och vi har slut platser"

"Men ni kan ju inte skicka hem mig till ingenting"

Hon går iväg för att ringa några samtal, jag sätter mig och skriver och skälver och väntar på att få gå ut och röka. Timmarna går, får svårare att andas, tillslut får jag träffa läkaren. Hon undrar varför jag vill skriva ut mig. Hon skriver ut mig trots att jag sagt att läget inte förändrats sedan jag kom in, i det ögonblicket tappar jag tron på psykiatrin.

●

Vaknade kvart över tre, ensam i min egen säng. Tvättade ansiktet och såg på mig själv genom spegeln, ser en trasig person, stora ringar under ögonen. Mörklila ringar vittnar om gårdagens känslor, känner dem igen, men jag kan inte gråta.

Sätter mig i sängen, drar upp benen under hakan, blundar. Sitter så länge, känner mitt innanmäte som krossades igår till vassa skärvor skära upp mig inuti vid varje rörelse. Så jag rör mig långsamt genom lägenheten.

Förödelse, någonting hemskt har hänt och nu syns det överallt. Ingen förstår vad de ser eller ser vad de förstår, ser bort och jag somnade ensam utan pengar på telefonen, tårfylld. *Hon sade att hon kunde höra mitt hjärta krossas genom telefonen.*

Det har varit en stjärnklar natt, jag ska försöka skriva, hoppas att svullnaden och det mörka runt ögonen försvinner.

Det finns inga ord, jag plockade blomblad från golvet. Vassa taggar. Askan och ruinerna. Hon,

Christel, var otrogen. Smakar på ordet, det svartnar framför ögonen, sätter mig ned på golvet och drar upp benen under hakan, gråten kommer stötvis.

Värdelöshetsförklarad återigen, det här skulle bli vårat år, det skulle bli kärlekens år, försökte ställa mig upp men det svartnar för ögonen. Så jag låg bara där med hjärtat utslitet ur kroppen, med allt hopp sinat. Förvirrad men inte förvånad.

När jag ser på mig själv ser jag bara blåmärken av den personen jag brukade vara. Är så brutalt sårad och tom. Vaknade vid två av att jag skrek. Förtjänar det här, och förtjänar att glömma trots att det förtär mig. Förtjänar att vara lycklig, trodde att mardrömmarna skulle försvinna. Det märktes inte att jag grät, eller kanske gjorde det just det, i vilket fall finns det ingen som skulle se det.

För att varje gång jag står i minuter framför spegeln upptäcker jag alltid en ensam tår som letar sig nedför kinden. Sitter fortfarande på golvet och plockar vita blad från den trasiga rosbuketten som ligger utspridd över hallen, kan inte förmå mig att resa mig.

♥ *Agnes is single.*

♥ *Agnes is no longer listed as "in a relationship."*

●

Det känns som: engångstrosor, ett kyligt samhälle i gryningen. Har svårt att se rakt. Tramadolabstinens, brotts-offerjouren, kvinnojouren, nyckelben som framträder, mat-vägran, det lilla jag får i mig stöts bort direkt.

Poliser framför mig i soffan flera timmar, ögon som sluts, blick som svartnar en tung genomskinlig kropp träffar golvet igen, igen, igen. Impulserna att ta allting jag har med mig för en natts sömn, ser besvikelsen i hennes ögon. Ilskan eller rädslan, kan inte skilja på dem.

Försöker att andas, försöker att stanna kvar, att inte springa dit benen inte bär. Försöker att hålla det inom mig, är rädd att implodera av alla svek av alla känslor av all besvikelse av all rädsla av all ensamhet. Kan räkna upp alla som tycker att jag förtjänar detta, och kanske gör jag det.

Polisen ringde idag för att bekräfta förhöret, förklarade att det är ett grovt brott och prioriterat. Kvinnojouren ville inte ta emot mig på stödsamtal förrän jag ätit och sovit. Det känns som, det känns som att, jag vill bara ringa någon. Vem som helst och bara få berätta. När dammet lagt sig står jag och ser mig omkring efter någon, efter en famn, efter en röst, och ser den brutala sanningen: jag får gå genom detta ensam.

•

Fingrar på de skarpa kanterna runt hålet där mitt hjärta borde vara, koagulerat, stelnat blod, smakar järn. Färgar tänderna röda, kom litet närmare, du kanske tror att jag ljuger. Kom litet närmare och öppna handen, faller en skrumpnad grå sten.

De lyfte upp benen på ställningen, där någonstans, där någonstans i det suddiga ögonblicket sjönk jag undan.

De kedjade fast mig, vid medvetenheten. Verbala örfilar för att penetrera mig med deras lidandes skuld. Hur allting plötsligt blev mitt fel, är bortom mitt förstånd, så fort jag visade känslor var jag dramatisk. Så fort jag förklarade sanningen spelade jag martyr, så fort jag sade någonting som inte doftade så gott i deras sinnen vändes taggarna utåt. Vet inte om det är ett tecken på svaghet eller styrka. Eller så kanske jag verkligen hade sönder dem så som de beskrev.

Kanske ett tecken på någonting, så fort jag försvann ur synfältet tog deras andetag vid. Kan ärligt säga att jag är innerligt glad för deras skull att andetagen lättat, önskar att jag kunde känna samma sak, att jag fick sova ordentligt, att jag kunde äta: att jag kunde känna någonting, alls. Förutom skulden som ligger permanent begraven under huden.

Detta är som att slicka på järnvägsspår. Jag kan lika gärna hoppa nu.

•

Allting är i sådana kontraster, så skarpt mot min kroniska trötthet, hoppas på det bästa men fasas för det värsta varje gång jag går på toaletten. Ovissheten, två veckor kvar, men de säger att det inte finns någon anledning att gråta, förstår inte vad de menar.

Har varit på systembolaget, fått låtsaskaffe och drickbuljong av kontaktpersonen. Tur att jag har prioriteringarna på rätt ställe. Så ikväll skall jag avnjuta en kall öl i kvällssolen och röka upp min sista tobak med Lacuna coil i hörlurarna.

Spinner vid tanken att jag snart åker ned till Umeå igen, denna gång för att hälsa på älskade saknade Nikolai från Älvlugnet och hennes gubbe, det känns som att den här sommaren kan bli bättre än någonsin.

Tjugo månader, kröp ihop i fosterställning, tjugo månader. Gick från samlingslägenheten med rödsprängda ögon. Tanken var citronte, cigaretter och sömn. Äntligen sömn. Finner mig på plastmattan med huvudet vilandes mot knäna, tjugo månader, tjugo månader.

Kan inte förklara, att stå med ena foten utanför den sköra linan jag balanserar på. Kan inte förklara vindarna som viner och kylan som skälver mig, bara ensamheten: som har ihjäl allting vackert inuti. Höll på att omfamna djupet igår. Först så målmedveten att förändra, sex timmar senare en tung kropp i

skinnfåtöljen på balkongen med henne i telefonen
och hon räddade mig, igen.

Kroppen skriker efter sömn, kaffe, musik. Mörka
ringar under ögonen som söker efter ljus, så nära att
kapitulera. Lägga mig ned, hålla med livet. att det är
här jag ska vara. Minnen: svimmade mitt på en väg.
slog i huvudet ryggen armen mot regnvåt asfalt, först
blev allting svartvitt. Sedan slocknade det. Vaknade
då jag slog huvudet i marken, flimmer framför
ögonen, svartvitt blandas med färg. Tar min sista
cigarett.

●

Vi dansar. Vi dansar till hög musik. Sitter på
fönsterbrädan, röker genom fönstret, jag dinglar
med benen många våningar upp, dricker öl direkt ur
burken.

"Ska du hoppa?", något fönster ned hör jag en röst.

"Nej! Jag lever", Christel är helt förlorad i musiken,
vi har haft en underbar dag. Det är höstmörkt ute
och det regnar, vi är sådär vansinnigt lyckliga, dansar.

Plötsligt vänds stämningen. Christel faller ned från
soffan, jag försöker febrilt få liv i henne. Ett väl
måttat slag mot ansiktet senare öppnar hon ögonen,
ställer sig upp och fortsätter dansa. Sitter förlamad
med en cigarett i handen, rädsla. Hon studsar upp i
soffan för att kyssa mig, för att senare falla ihop ännu
en gång.

Lyfter henne, drar henne efter golvet till sängen, får inte liv i henne.

"SOS alarm, vad har inträffat?"

"Det är min vän, hon var vaken och dansade, sedan föll hon ihop, blev medvetslös och nu får jag inte liv i henne"

"Försök hålla koll på henne, jag skickar en ambulans"

Någon minut senare vaknar hon till, helt oberörd av vad som händer. Ambulansmännen stormar lägenheten och finner att ingenting är fel. Ber om ursäkt, de går, och vansinnet fort-sätter. Hon faller än en gång in i medvetslöshet, släpar henne efter golvet till sängen, iakttar henne länge innan jag ringer ambulansen. Ber dem skicka med polis.

De anländer fort och ser Christel i sängen, orörlig. De lyckas få liv i henne, omtöcknad blir hon ledd till båren. De spänner fast henne, en mikrosekund senare blir hon klar i ögonen, börjar slåss med ambulansmännen och sliter sig ur bältena, när hon kom till den låsta ytterdörren skriker hon åt mig. "Ge mig nycklarna för helvete!"

"Men fan, ta alltihop!", jag hade alla hennes saker, kastar nycklarna, plånboken, telefonen, cigaretterna, tändare, medicin.

Innan ambulansmännen, polisen, åker så närmar sig en polis mig. Hans ansikte bara centimeter från mitt,

saliven flyger då han vrålar åt mig att om jag ringer
dem en gång till så anmäler dem mig.

"Tro fan inte att jag kommer ringa igen, du behöver
inte oroa dig"

Börjar packa mina saker, det regnar. Lämnar
lägenheten, sätter mig utanför porten i natten,
villrådig. Vem kan jag ringa? Var ska jag ta vägen?
Jag ringer hennes mamma, vi är i Boden och hon mil
bort i Älvsbyn. Hon lovar att komma. Plötsligt
öppnas porten, Christel ser ned på mig där jag sitter,
hon tar ut soporna och bjuder upp mig tillbaka.

I trapphuset börjar hon bli aggressiv, skriker, svär,
måttar några slag. I trapphuset misshandlar hon mig.
Två stukade handleder, en stukad fot, två bulor i
huvudet, blåmärken som pryder min kropp.

Tar mina saker ur lägenheten i natten, lägger mig i
soffan i den gemensamma lokalen bredvid. Hennes
mamma kollar till mig under den tidiga morgonen,
torkar mina tårar. Bussen tar mig hem i gryningen.

•

Satte mig ned och kräktes av smärta i undersökning-
srummet, satt insvept i ett lakan iklädd endast
underkläder. Och gråter, gråter, inte för att jag inte
kan röra mig utan att kvida av smärta. Utan för att
det gjorde så fruktansvärt ont i hjärtat då de frågade
om jag ville anmäla, och jag sade: ja.

Tramadol igen, kan inte se genom dimman. Förstår inte, mitt hjärta, mitt liv. Det enda, det enda jag verkligen hade kvar slog kastade sparkade, för allting hon var värd. Vet inte hur jag ska klara mig utan henne, men jag förstår att det är precis det jag behöver.

Kan knappt hålla ögonen öppna av all medicin, kan knappt skriva för att jag, trots det, har så ont, kan inte gråta, jag kan inte gråta. Väntar, väntar på att polisen ska ringa. Har så ont och är så rädd, så rädd att de lägger ned anmälan att det tillåter henne att göra så mot mig, värdelöshetsförklara mig. Såsom hon gjorde.

•

Tar mig inte ur medicindimman, pendlar mellan en tung medvetenhet och sömn, rör mig inte ur sängen, har fortfarande så ont. Trots att jag är totalt nedknarkad av morfintabletter.

Har spenderat dagen i den utbäddade bäddsoffan, vaknat, sovit, vaknat, tagit smärtstillande och ångestdämpande: Somnat igen, vaknade och drack te. Står upp över öronen i sjukhusräkningar och fakturor från apoteket, och har inte ens råd att köpa mat.

Allting för att hon tog sig den rätten. Att slå sparka

kasta mig sönder, i bitar. De säger att jag kanske aldrig mer kommer att fungera normalt igen.

Är slut som människa, 36 timmar, elektriska pulser genom kroppen. Gör att jag knappt kan stå, sängliggande hela dagen. Släpade mig till ytterdörren då jag hörde posten, ett till brev från polisen. Satt i sängen och stirrade på det länge innan jag öppnade det, det var min anmälan angående misshandel.

Det enda som var rätt var att hon blir våldsam av alkohol, misstänkts tagit någon form av drog, mina skador och att jag höll fast henne för att hon inte skulle skada ambulans-männen.

Vilket betyder att jag måste göra en ny anmälan och var jag ska få de krafterna från vet jag inte. Är verkligen slut som människa, ingenting betyder någonting längre. Har legat så många dagar i den utbäddade bäddsoffan och pendlat mellan uppgivenhet och förtvivlan, läkarvårdskostnader och läke-medelskostnader på över 500 kronor efter misshandeln. Det resulterade tillslut att jag under över en vecka åt ungefär lika mycket som en normal person gör på två dagar. Blev bjuden på en sympaticigarett ibland, hade inte råd att ge katterna sin vanliga mat, inga pengar på telefonen.

För fyra dagar sedan nådde jag botten, nästan slut kattmat, ingen mat till mig, ingen möjlighet att söka hjälp med en tom telefon, inga pengar förrän till helgen, var tvungen att göra om polisanmälan. Utan en själ som hjälpte mig. Brände alla broar med samma tändsticka, kapitulerade, gav upp.

När jag ringde till polisen och försäkringsbolagen från personalens telefon tilltalade de alla ständigt den personen som misshandlade mig som en *honom,* när det är en *henne.* Jag lyssnar på Alice in videoland och tänker på hur hjärtskärande det var att berätta för vår gemensamma barndomsvän. Mitt hjärta.

Ytterligare ett brev från polisen, har sparat alla kuvert. Det har legat och hånat mig på hallbordet i flera dagar, jag orkar inte, jag orkar inte öppna ett till. Tog mod till mig och öppnade det idag, det var mina tillägg i anmälan om den senaste misshandeln.

Talar nästan dagligen med brottsofferjouren, de råder mig att skaffa ett målsägarbiträde till en eventuell rättegång. Då slår det mig hur stort det egentligen är, att kanske tvingas sitta framför henne i en rättegång. Jag vet inte om jag klarar av det här, *men på något sätt ska jag ta mig genom det.*

•

Ligger i morfindimman och Tramadolen kliar över hela kroppen, vänder och vrider mig i plågsamma minnen i den utbäddade bäddsoffan. Pendlar mellan sömn och en suddig medvetenhet, vänstra handleden är nästintill läkt, högra handleden måste jag fortfarande ha lindad. Blåmärkena är nästan osynliga, värken sitter kvar. Nålarna i hjärtat.

Ingen är förvånad. Ingen höjer på ögonbrynen, det var tredje gången det hände i år. Första gången jag anmälde.

Ska försöka att finna någon som kan tvätta och borsta ur mitt hår då båda mina handleder fortfarande är stukade, blåmärkena är gulnade samtidigt så framträdande. Jag hatar inte henne. Jag hatar det hon tar sig friheten att ta från mig, varje dag.

I efterhand berättar hon för mig att ingenting gjort så ont som att bli kontaktad av polisen och tvingats gå till polis-stationen för att få veta att Agnes Lundkvist anmält henne för misshandel. Om bara hon satt i smärtan med mig.

Ibland blir tystnaden så bedövande att jag kvävs av alla orden, har kapitulerat inför deras motvilja märker dagar då jag inte yttrar ett ord märker dagar då jag ständigt sitter med en cigarett i handen märker hur jag rodnar.

Saknar mitt skrivande, saknar mitt skapande men om det inte finns någonting, om det inte finns någonting att uttrycka, står dom stum och döv inför alla. Morfinabstinensen tar över allting och tårarna lyser upp de ljumna sommarnätterna och. jag känner att livet passerar.

Känner att livet passerar mig. Om att aldrig få

utrymme att vara sig själv, om inbillningsförmågan att jag inte älskar dem som inte älskar mig och om inbillningsförmågan att jag inte älskar dem som hatar mig. Om dagar som passerar i bäddsoffan, vänder på varje sten efter någonting som får andetag att ta vid, om att aldrig riktigt få ta plats om den förvridna sanningen att jag tar för mycket plats.

Svimmar oftare och berättar det mer sällan jag får inte behålla maten då jag i naiva försök försöker att äta och berättar det inte överhuvudtaget och jag är trött på att, trampa i samma fotspår.

Och, jag är trött på att trampa i samma fotspår. Idag, åtta dagar innan jag möter honom på perrongen. Hoppas att verkligheterna stämmer.

●

Personal: *Vet du om att du ler varje gång du får SMS?*

Han skrev mig, han skrev mig som Daniel23. Skrev: "Hej! Du ser intressant ut". Bland alla ytliga meddelanden, komplimanger om mitt yttre från kåta män jag lät utnyttja mig, uppskattade jag hans försök till konversation.

Svarade honom, Daniel23, som ska komma att bli min pojkvän, sambo, fästman, make, livspartner. Som jag låter komma under huden, som ska komma att stanna där andra lämnat.

Jag har träffat Daniel, min Daniel. Som ett inneboende ljus, ständigt närvarande, ständigt påtagligt. Den känslan jag jagat, kämpat för, slagit mig blodig för tidigare, den fann mig och jag behövde aldrig, behöver aldrig, jaga, kämpa, slå mig blodig, för att äntligen, äntligen: är jag villkorslöst lycklig.

Som att han kupar sina händer runt munnen mot min hud blåser varm utandningsluft med en intensiv doft av hopp, drömmar, lust, det jag saknat så länge. Det jag längtat efter så länge, och för det, för allting, älskar jag honom. Två veckor till innan jag tvingas se tåget lämna perrongen, två veckor att ta vara på, insupa, varje minut. Varje nanosekund av liv. Allting han ger mig, allting han är, och han är min, så som jag är hans.

♥ *Agnes is no longer listed as "single."*

♥ *Agnes is in a relationship*

•

Och, jag känner, att jag imploderar av alla känslor. Tankarna snubblar över varandra vid osynliga taggtrådsmönster som trasslats ihop innan kraniet. Och jag såg mig i henne. Allting de sade var sant. Allting hon sade var sant. Hennes mamma, hennes systrar, jag tänker, snubblar, och tankarna eskalerar och rusar förbi, för fort för att bilda en tankegång. Bara lösa tankeklumpar som täpper igen vener artärer, blodtrycket faller hastigt igen, jag med det.

Tänk om det är jag, tänk om det blir jag. Tänk om det händer mig, dem, tänker på mitt lillhjärta, tänker på mamma, mormor, tänker på fem år, tio år, femton år, och det blir svårt att skilja verklighet från fantasi, tankemardröm från. Kan inte undgå det, jag kan inte springa från det, jag kan inte blunda från det.

Sjunker, faller genom varje botten, försöker att hålla fasaden, försöker att hålla den intakt. Men det är bara stenraset från rämnandet som lyckats formaliseras till någon form av vacker lögn. Tårarna har varit ständigt frånvarande, ständigt påträngande, ständigt tillbakahållna, ikväll brast det, idag brast jag.

•

Tårar oavbrutet flera timmar, grät inte till en början. Det rann över, sälta över kinderna, i öronen, i munnen, i näsan, då jag tänker på det. Verkligen begrundar det, och, jag vet var jag vill. Slungades i hög hastighet åt motsatt riktning, och flyger fortfarande mot min vilja, luften är det enda mina händer greppar då jag försöker stanna upp.

Ryskt iste och paracetamol, kan känna min kropp kämpa, kan känna mina organ slåss för sitt liv, mina leder och muskler skriker. Allting bryts ned nu, det psykiska och somatiska. Någonstans inom mig finns en liten flicka, ett barn, som ser vad som händer.

Som samtidigt förstår men har inte kapaciteten att ta in det, att ha konstant ont, att ständigt veta att någonting är fel, jag tänker inte sluta simma mot strömmarna, men krafterna börjar ta slut och jag behöver någonting längre bort att fästa blicken på.

Det är svårt att befinna sig här ensam. Har aldrig tidigare varit så ensam, det är inte längre bara en känsla, det är min största utmaning, jag vet att jag måste acceptera det här för nu, för att om jag ständigt behåller den naiva inbillningen om en hand som håller min kommer jag att fortsätta brytas ned. *Det är en strömmande känsla av melankoli genom luften.*

Försöker att ta ett andetag utan att ta sats till gråten, det blir så mycket svårare när den är frånvarande. När alla känslor klumpar ihop sig till ett spindelnät av taggtrådar som snubbeltrådar och jag inte mig tar fram, och när jag tycker att jag skriker ser dem inte mig.

Som att stansa hål på himlen, karva ut stjärnor, istället för att invänta natten, som att bryta det blanka vita arket med färger och måla som jag önskar att jag drömmer. Nu om nätterna, bara kadaver innan ögonlocken.

Fortsätter drömma om samma sak, börjar komma till den punkten, bottendjupt, vet ingenting. Vet ingenting om livet jag lever, hur jag kommer vidare, var jag är på väg eller hur jag ska kunna stå still, på två ben. Och varma tröjor, för stora tofflor, dyra kaffedrycker, vaknar för att räkna timmarna till jag kan somna om.

Lyssnar på min och hennes låt, varje dag gör jag ett stort misstag, kommer på mig själv med att viska, inuti, frågar mig själv och svaren uteblir, tårarna uteblir. Telefonen är aldrig tyst, och sedan det uppenbara, ingen lägger märke till, känner, lättnaden samtidigt som det skär i hjärtat.

Tappar känseln mer och mer, oförklarliga grupper blå-märken på höger vad, bara där jag inte känner, bara där jag inte känner. De kommer alltid tillbaka, det enda som är konstant, det jag kan lita på, att, varje morgon har något försvunnit och flera nya uppenbarats, de talar om att blodet är för tunt, känner hur det rinner överallt.

Känner det börja om, igen. Tidiga kvällar, tidig morgon, pojkvän sover några meter från mig och mitt hjärta spinner. En dryg månad har han varit här, flyttar officiellt in snart.

Fyra meter, kanske inte ens det: till hans läppar, och jag låter deras tvivel rinna av mig, alla hårda ord, deras tvivel får stanna inuti dem då inget tvivel når mig.

Den obeskrivliga känslan att ligga i hans famn, somna, vakna, med honom. Hur han skänkt mig så många färger till min värld, ibland, glimtar det till i mig och jag, glömmer, det kolsvarta, glassplittret.

Kan inte förhålla mig till detta, det här, den här, inte

bara lyckan, kärleken, utan också det starka ljuset,
värmen som jag inte är van vid på min hud.

Tankar jag inte brukar tänka, allting ljust, allting
vackert, skrämmer mig. Nästan. Kommer aldrig att
släppa taget aldrig medvetet sluta mig igen aldrig
tvivla aldrig, för detta, har vänt min värld. Längtar
till dagen ljuset slutar skära i ögonen, fan vad jag
älskar, det, oss.

•

Jag fick samtalet idag. Okänt nummer. Polisen.
Drygt en timme av förhör, varje ord jag sade gjorde
ont. varje ord hon upprepade gjorde fruktansvärt
ont, när, hon, repeterade allting jag sagt.

Exakt fem månader sedan jag gjort anmälan, och,
dagen innan idag för fem månader sedan det hände,
som var lovat aldrig skulle hända, som jag önskar:
bort. Jag vill inte minnas, vill inte gå genom detta:
men ej heller det. Igen och igen.

Hon, polisen sade att det med största sannolikhet
kommer gå till domstol, frågade hur mycket jag
önskade läkar-kostnader, mediciner, psykiskt,
fysiskt: lidande.

Det går inte att mäta i pengar, det går inte att mäta i
pengar. Sade en summa, för någon slags rättvisa som
aldrig kommer visa sig, även en fällande dom ger

ingen rättvisa. Det finns ingen rättvisa i vad den personen gjorde mot mig, det går inte att försvara bortförklara ignorera.

Brukade så mycket morfin brukade så mycket tårar av smärta brukade så många knutar i magen av att välja det rätta och förlora den personen så mycket taggtråd inuti som vrids och vänds då minnen påminner om det som *aldrig skulle hända igen.*

Vill inte tänka på. att sitta mot den personen i en domstol, höra vittnesmål. Vill inte tänka på att få ett brunt kuvert från tingsrätten med skrifter om nedlagd förundersökning i brevlådan. Klarar varken av det ena, eller det andra. Kan jag ta mig genom det här? Kan jag verkligen ta mig genom det här? Och den personen skrattar bort det, hånar mig.

Polisen sade det jag redan visste. Jag kan göra en anmälan till, en: tung, viktig, men det krävs förmodligen vittnen, och det enda vittnet som finns skulle aldrig vittna rättvist. Jag hoppas, hoppas att rättvisa skipas, att mitt värde markeras, att hon inte kan fortsätta vansinnesupptågen.

Har fortfarande ont i kroppen, fortfarande ont inuti. Detta förtär mig varje dag, jag hoppas på ett avslut. För att jag har nått min bristningsgräns.

●

Fingrarna vävda i varandra, Daniel viftar bort min cigarett-rök. Vi talar egentligen inte om någonting speciellt, det är bara vi, tysta ögonblick, maniskt tal om varandra.

Känner på mig att nu, nu är rätt tillfälle. Han sätter sig på sängen, jag tänker: 'well, fuck it'. Har aldrig varit så modig som nu då jag går ned på knä framför honom, aldrig så rädd. En kort stund av förvirring och chockad paus senare får jag ett ja.

Snart flyttar han in. Han är här hela tiden, det känns så självklart för oss båda. Naturligt att han är här, snart blir jag officiellt sambo. Ibland stannar jag upp: tittar på förlovnings-ringen på fingret, ser hans kläder i garderoberna: och blir rädd.

Är inte van vid denna känslan, känns som att jag inte förtjänar detta, förstår inte hur eller varför han stannar. Håller fast vid mig så, men med honom är jag: lyckligare än någonsin tidigare.

Ingen misshandel, inget missbruk, inga självmords-försök, ingen aggressivitet, inga kränkningar, inga nedblodade badrum, inga sår jag behöver tejpa, inte åka ambulans tillsammans med någon som svävar mellan liv och död, ingen förnedring, inget kaos. Bara ovillkorlig lycka. *Tack Daniel, tack för att du älskar mig.*

*S*prang, smällde igen sovrumsdörren. Håller händerna för ansiktet, hyperventilerar, hör hur barnet knackar på dörren jag står lutad mot. Jag vet att jag kommer att göra illa det. Daniel rusar fram till mig. minns inte vad jag sade, gjorde. Sedan, han leder mig till sängen, barnet fortsätter knacka på dörren, ser ögon blöda. Vet att jag kommer att göra illa det. Sedan, försvinner jag.

Känner hur jag närmar mig avdelning 25, sluten vuxen-psykiatrisk avdelning. Det eskalerar, jag får psykoskänningar, psykoser oftare. Jag önskar, att, det fanns en medicin jag kunde ta, så, att jag känner mig trygg igen. Men, jag är allergisk mot all antipsykosmedicin. Hela gruppen av dem, allihop. Tro mig, har provat så otroligt många, slutar alltid på sjukhus.

Gårdagen: apatisk i sängen. Gick endast upp för att: ta några bloss. Vill, men kan inte förklara hur det känns inuti. Som sönderrivna cellofankänslor, som taggtråd runt inälvorna. Verkligheten slog mig för hårt för att stå på benen, för att andas. Erkänner mig besegrad och virar täcket runt mig som en kokong, som att jag väntar på någonting som aldrig, aldrig, kommer. Jag vill leva, vad det nu är.

Mardrömmar, ständigt dessa mardrömmar. En ekande ensamhet i ett rum av människor, det vibrerar och skriker: inom mig. Försöker överrösta dem med ljudlösa skrik, den här världen är för hård för mig. Kanterna för skarpa. Lindar in mig i vitt, ljusgult. Kommer aldrig att förstå, vad som ekar inom mig. Vad min värld säger, hur det egentligen är. Skulle tvingas in, jag vill vara fri.

Syr min mun med ståltråd. För att ord i tystnad låter
mig vara fri. Vill flyga. Väntar på att vingarna skall
växa, stärkas.

Vet inte varför dessa minnen ständigt når mig, de
borde vara djupt begravda och jag vet inte om jag
kommer att klara av det. Hämtade ut mediciner idag.
är över tjugostrecket tabletter igen. Känslor ersätts
med sömn, tankar med kemiska sammansättningar.

*Iklädd nattlinne springer jag till Melinahus trapphus. Det är
vinter, jag fryser. Springer, är jagad av skuggmän och rasande
röster. Sedan, pang. Pang, jag minns inte mer. Vaknar i
sängen.*

Får återberättat, åkte ambulans in till akutpsykiatrin
i Sunderbyn. Dissocierande och frusen, lyckades
avvärja en inläggning. Sjukresa hem, vaknar i sängen.

●

*De stirrar, klär av mig med dömande blickar, viskningar.
Mina ärr, de kan omöjligt förstå. De ser äckliga, stora ärr
som en svaghet. Jag kallar dem krigsskador, jag som gått
genom livet i strid. Som en överlevnadsstrategi, för att inte ta
mitt liv omfamnade jag rakbladen. Tog dem för att dö.*

*12 år, skyddad. 12 år i pendlande kaos. Minns att jag tog
pappas rakhyvel, tryckte så hårt jag kunde, som ett tyst
vansinnesvrål. Drog flera gånger, tårar av sammet. 12 år, 14
Alvedon, sönderskuren handled. Dör jag nu?*

12 år, köper rakhyvlar för första gången. 12 år, finner ingen utväg. 12 år vid första självmordsförsök, skyllde blodet på lakanet på myggbett. 12 år, redan kantstött.

Ångesten brinner innan bröstet, ett svärtat hjärta pickar, pickar. På rekordtid plockar jag sönder en engångsrakhyvel, sargade fingertoppar. Utan att tveka för en nanosekund hugger jag armen, obarmhärtigt hugger jag om, om igen. Vanvettet i mig lyser, tappar kontrollen, rädslan kommer inte förrän efteråt. När jag ser mitt vansinnesdåd, mina krigsskador.

Får inte stopp på blödningen, de gapande såren kräks blod, rädslan i mig spinner, jag får inte stopp på blödningen, det gör så ont. Så ont. Är så rädd.

Det är sent, Daniel är inte hemma. Vinterluften kyler mina lungor då jag sitter på balkongen, röker med ett sönderrivet badlakan runt armen. Ringer personalen, ber henne ställa upp min låsta port för ambulanspersonalen, sedan larmcentralen i vild panik, jag gråter. Gråter så hårt.

Sitter på golvet i mitt blodiga badrum, knuffar undan katter med fötterna, känner blodet pulsera under badlakanet. Önskar att Daniel vore hemma, tomheten kväver mig. Ytterdörren öppnas av ambulanspersonalen som ser på mig med oroade ögon. Anar en besvikelse i deras röst. *Eller är det jag?*

Jag skickar ett SMS till Daniel att inte lyfta på badlakanen i badrummet jag skylt mitt vansinne med. Det väntas ambulansfärd, morfin, många stygn, neurolog, övernattning på akutpsykiatrin i Sunderbyn.

Efter en självskadekarriär på över halva mitt liv sitter jag i taxin hemåt, lutar mig mot lädersätet, beslutet om att aldrig, aldrig mer bli så rädd. Aldrig, aldrig mer ta till det kalla stålet. För första gången sedan jag var tolv år beslutar jag att låta styrkan tala, bestämmer mig modigt att denna gången var sista gången. Vilken prövning jag än står inför, aldrig mer. Åren går med samma övertygelse, aldrig mer.

●

Varje ord varje andetag känns trögflytande, och jag vet att jag kommer att fatta samma beslut som dem. Går i cirklar igen, kan sova bort hela dagar. Känner mig svår, lyssnar på Thåström och klöser upp varje litet, jävla, sår. Bara önskar mig bort.

Vet att det är en fråga om tid, jag är inte tålmodig. Det märks. det har inte blivit bättre men det börjar att lätta. Daniel kommer hem från Skåne i övermorgon. Då har han varit borta i nästan två veckor och det visar sig tydligt vilka kontraster det är inuti.

För första gången bryr jag om hur det ser ut i mitt hem då han kommer. för första gången bryr jag mig om hur jag ser ut i hans närvaro. För första gången märks det att min partner inte är här så tydligt. Det ekar.

För första gången kan jag somna och inte tvivla på att personen bredvid mig ska vakna på morgonen.

Ibland stannar jag upp och tänker efter: är sambo. Är förlovad. Hans saker ligger huller om buller bland mina. Har en ring på fingret. Då jag tänker efter så är allting jag får ur mig: helvete. Saknar ord.

•

Säg mig, när möten aldrig är annat än vardag, när dosetten är för liten. När mitt liv inte är mitt och ditt inte är ditt. När allting de gör är att hålla mig vid liv för att jag ber dem. Sjukdomar blir fler och trots det har deras oro stagnerat.

Får inte vistas i samlingslägenheten på Melinahus när jag är påverkad av mina mediciner. Någonting har gått fel. jag är åtta nio tio olika starka mediciner och är aldrig klar i huvudet.

Haldol. Har ont i lederna, jag kan inte böja det utan att det ska kännas som en masochistisk handling mot kroppen. Jag vet att jag måste sluta. De säger det så enkelt. Men då jag äntligen fått tillbaka Haldolen och alla overklighet-supplevelser försvunnit och låter mig vila och förankra mig. Trots det: farväl Haldol.

Det händer mycket för mycket och sedan stannar det upp för att eskalera igen. Jag tappade livet, jag tappade livet, slutade med allting jag tidigare älskade och rullade in mig i täcket i soffan. Gränspsykoserna avlöser varandra och det finns ingen verklighet att hålla fast vid.

•

Natten i fjärilar, nu är det vår dag.

"Jag har vin!", Christel lyfter flaskan i luften då hon går uppför trappen till farstun till Johannesgården.

"Jag har vin!", svarar jag tillbaka, höjer flaskan.

Som jag väntat, längtat, nuddar vid vad som känns som en evighet. Det är dagen. Dagen för mitt och Daniels bröllop, vår dag. Vår dag för fjärilar, lyckliga kyssar, oändliga kramar. Dagen då vi hör ihop, mer än någonsin.

Ett litet bröllop. Precis som vi ville, önskar mig inget mer än att se de få, men älskade gästerna anlända. Vissa saknade, det sköljer en våg av tacksamhet över de få som kom.

Knyter upp mina dreadlocks i en knut på huvudet, svart eyeliner och rött läppstift. En svartvit tunika, strumpbyxor som rämsar upp sig. Svarta ballerinaskor, pirret i magen, den varma känslan av vitt vin, idag blir jag hans och han blir min.

Glömmer blommorna när jag går fram till vigselförrättaren, mina brudtärnor står på Daniels sida, råkar sätta ringen på höger ringfinger, vigselförrättaren väser åt oss att pussas då vi inte minns när i ceremonin. Detta är mitt bröllop, det som går fel är mitt bröllop. Jag lovar att alltid älska dig, kära Daniel.

Jag vet inte vad jag ska känna, känslorna är för starka. Kan inte beskriva lyckan, tryggheten, omsorgen, tilliten och tålamodet. Och när jag tänker efter: så inser jag att jag kommer att få leva tillsammans med denna karln, min Daniel, aldrig varit lyckligare.

●

Det har gått år nu, sedan hon tog en paus, satte mig på ljudlös och sedan försvann. Det var inte jag som gjorde någonting fel. Det var inte mitt fel, det var inte hennes fel, det var ingen fel. Det hände någonting vidrigt och oförlåtligt av en vidrig och oförlåtlig person. Ändå är det mitt fel. *Mitt eget jävla fel.*

Den impulsiva reaktionen jag alltid haft att ringa henne när det händer någonting i mitt liv har jag begravt, allting som händer blir i en liten del meningslöst, jag känner mig avdomnad. Känner att hon amputerats ur mitt liv. Men ibland: allt för ofta, känner jag de där fantomkänslorna svida.

Det fanns ingen luft, som om realismen i hans ord

tynade, inuti mig en sådan verklighet vid varje av dem. De såg blodet sedan, jag tror att de förstår, men ingen förstår varför snön inte tvättade bort det precis under glasögonkarmen. Vi är inte där än. Säg vem är jag att säga någonting annat?

Vi lever på samma sida av verkligheten, jag och honom. Genom frostat glas ser jag de andra, förstår inte att det är en evig jakt för en stund av någonting bra. Det finns ingen tröst det finns ingen som kan förmå sig att förstå. Alla rusar förbi för fort att de inte ser. *Stanna upp för fan.*

Var aldrig mörkrädd så som jag är nu. Har aldrig varit så vilsen. Och vem är jag att inte hålla med? Någonting som luktar metall träffar låret lämnade blåskiftande märke. Ett slag i huvudet sedan vet jag inte var allt blod kom från, jag önskade att vakna ur denna vidriga mardröm.

Anar en nykter tanke som hastigt försvinner. Kräks utanför porten, släpar mig själv hem, känner vinden penetrera håret och kurar hop mig i ensamheten. Nästkommande dag är jag för smutsig där alla håller käften. Sjung ingenting när ni tigande sörjer, jag bedrar livet.

1+1+1+1 - 1+1+1+0 - 1+1+1+1 - 0+0+0+2 - 0+0+2+0 - 2+0+0+2 - 1+1+1+1 – 1+1+0+1 Det är möte imorgon. De mötena ger mig impulsen att sprätta en rakhyvel istället för att jag känner att någonting bra kommer ur dem. Först ska det hackas litet på mig, sedan försöker de hitta en lösning, och

innan jag går även då syrliga kommentarer. Genom-
förandeplan kallar dem det.

Märker inte av någon skillnad angående något
genomförande av vad som blir sagt. Vill så gärna må
bättre, jag vill se en skillnad. Vill inte vandra rastlöst
mellan väggarna eller krypa in under bolltäcket.

•

Vill bara ha den känslan igen. Jagar den, fruktar den.
Vet inte när och jag vet inte när jag blir människa
igen. När jag tar mig ur den här dimman, de kastar
mig in i och ur mediciner. Vill bara få ett lugn igen.
Vill vara mig själv igen, jag saknar henne.
Jag vill bara hem.

Stod gråtandes i regnet, fick en snus av en brukare
när han strök mig över ryggen och hjälpte mig tända
en cigarett där jag stod under himlen och skakade av
tunga tårar. Ingen hulkande gråt, mer ett erkännande
att min tragik är så djupt rotad att det blir så
fruktansvärt patetiskt tillslut.

Vem jag är utan henne? Och det känns som att jag
är under ytan och att hon ska dra upp mig för ett
andetag några gånger om året för att sedan släppa
taget igen. Och att jag ska sjunka igen. Låt mig
drunkna.

Sömnen är långt borta likaså utmattningen. Fysiskt.

Min hjärna imploderar av alla vidriga tankar känslor rädslor. Undrar om jag hoppas på för mycket. Vet att det är perfekt. Vet att jag inte saknas. att det inte känns. Varför brister mitt hjärta när deras är så kompakta? Skratt kärlek värme. det fanns få saker jag såg som kunde gå sönder. Nu är allting. Allting inuti. Allting jag känner, trasigt. Det flagnar ovan min hud.

Biter ned naglarna till roten. Inte för mig. Inte för dem.

För oss.

Ur Melinahus dagsanteckningar:

12.02.01

Agnes kom ned på Boendet före lunch och drack kaffe, Hon var klar och adekvat och personalen informerade henne om villkoren för att vistas i gemensamhetslokalen.
/

12.02.12

Agnes ringer till ■ ca 07 säger att hon kraschat enligt henne ord. Vill komma och diskutera., hon kommer och det verkar bli bättre. Säger att jag hör av mig vid lunch för att fortsätta med organisering/städ av lägenheten enligt önskemål. /■

Var och hjälpte till i lägenheten och det fungerade bra. /■

Agnes kom hit vid 14:30 och ville låna telefon för att ringa hennes läkare, sa att hon behövde förnya recept. Hon fick ingen kontakt med psyk. Jag sa att hon fortfarande inte verkade helt okej. Hon kontrade med att det berodde på Akinetionet. Jag poängterade återigen villkoren (för att vara här får hon inte vara påverkad). Hon försvarade sig med sina mediciner.

17:00 ringer Agnes och säger att hon känner sig kränkt och kontrollerad och vill inte att vi ringer ned henne till kvällsfikat, förrän hon pratat med ███ om de villkor vi satt upp./█

12.02.07

Agnes var förbi för att låna telefonen för att ringa psyk. Em. Pratade Agnes läkare ██████████████ om Agnes påverkade tillstånd som varit sista tiden. Och hur situationen ser ut och att det bästa vore om medicinintaget var övervakat. ████████ var väl medveten om att Agnes hade förbrukat för mycket medicin och skulle idag inte skriva ut mer förrän A hade lämnat urinprov. ███████ föreslog A gå med på deligering till personal. Det ville inte A men gick med på att distriktssköterskan delar dosett en gång i veckan. /█

12.02.08

A kommer på Inacket då jag kommer vid 12 tiden. Hon vill att jag låser upp hennes lght då Daniel har farit med nycklarna. Hon har inga nycklar här eftersom hon lämnat dom till Daniel tidigare. Hon får låna telefonen för att ringa honom men klarar ej av detta pga att hon är (som jag ser på saken) mkt påverkad. Sluddrar, slö i rörelser, mm. Hon säger att det beror på att hon ej sovit då jag påpekar att hon ej ser ut att må så bra. Jag ringer D men hans telefon är avstängd och jag meddelar A att vi ska ha ett möte här kl 13 så hon går hem till sig. /█

12.01.27

Kl.06.30 ser jag någon komma springande över gården och personer springer in i 22B och när personen kommer ut så ser jag att det är Agnes. Hon kommer hitåt men kommer inte in så jag går ut och ser var hon tagit vägen. Ingen där. Hittar henne på våning 2 i våran trappuppgång. Tunika, trosor och tunna strumpor är vad hon har på sig. Sludderpratar och svamlar. Strax före åtta så följer ██████████ henne upp i lägenheten för att hämta cigg. ██████████ möts av en rökfylld lägenhet och ringer upp mig att komma dit för att vi måste undersöka brandrisken i fläkten.

I lägenheten råder det kaos. Kattbajs, skräp, m.m överallt. Jag ringer upp psykakuten för att få råd vad gäller Agnes. Hon kopplar mig till medicin rådgivningen som kopplar mig vidare till ambulansen som dyker upp. Hon hade 160/90 och snabb puls. De tar henne med sig. Skulle fara till vårdcentralen och ev vidare. ██████████ är kontakt med brandkåren vad gäller röken i lägenheten. Det kommer en liten bil och två större fordon, men såg inte någon fara.

Kl. 12.30 kommer Daniel hit och funderar vad som hänt Agnes. Berättar att hon åkt in och att vi inte vet mer. Lovade honom att när vi vet var hon tagit vägen så meddelar vi honom.

Han är fundersam. Han berättar att hon varit dålig from igår och inte sovit något inatt. Jag pratar lite om stöket i lägenheten och han berättar att katterna inte går på lådan som är på toan utan de bajsar i köket. Sa att han kunde prova sätta in kattlådan i köket för att kanske få dem att göra i lådan istället. Frågade om han kunde kasta lite sopor och det skulle han göra. Han tycker att hon behöver någon att prata med.

██████ vill att vi ringer när vi vet hur det är. /██

Såg henne på Konsum kl. 15.00 /██

Kväll

Jag ringer A ca. 19.10 för att kolla läget och hur det gått under dagen. A sluddrar och pratar osammanhängande. När jag frågar om hon vill komma ned och dricka en kaffe och ta en cigg tackar hon ja och lägger på tvärt, men har inte dykt upp när klockan är 19.45. Jag ringer igen för att säga att jag snart ska påbörja rundan om hon vill hinna komma innan den. Annars finns möjligheten fram till 9. Hon pratar osammanhängande än en gång nämner något om en fika imorgon och något om sova och lägger än en gång på luren snabbt. /████

Natt

A kommer hit och knackar på balkong-dörren klockan 21.15 Hon är väldigt förvirrad, osammanhängande. Hon säger att ███████ ██████████ har varit på hennes balkong och klättrat. Hon vill dricka kaffe och fortsätter att sluddra, och prata osamman-hängande. Detta skyller hon på att hon är trött. Jag följer henne hem för att kolla så hon kommer hem och om det är spår i snön. Undertiden ändrar hon sig från att det var ██████ ████████ till att det var dottern ██████ ████. Hon säger även att det var på framsidan av huset och inte på balkongen. Var ej några spår. Jag frågar om jag ska ringa psyk, ambulans, polis eller liknande. Detta vill hon inte. Hon säger att hon ska sova och jag ber henne höra av sig om det är något. Ringer ██ och rådgör hur man ska fortsätta. Kommer fram till att avvakta till måndag. /█

12.01.28

Ringer A 11.00 för att kolla läget och kolla om hon vill komma på gemensam lunch. Avstängd telefon. /█

12.01.30

Ringde till Agnes vid 9.20 jag undrade om hon ville att jag skulle följa på VC. Hon kom ned en stund innan vi for till VC. Hon ville gå in sjäkv, /█

Hämtade Agnes på VC när hon ringde. Hon ville komma in och få lite sällskap en stund. Hon säger sig sova mycket dåligt om nätterna, ca 1,5 timme per natt. Hon pratar osammanhängande, sluddrigt är väldigt torr i munnen och uppträder aningen manisk. Frågar om det är läge att ringa psyk då hon säger sig hallucinera. Men det vill hon inte. Säger att avslutar behandling med Akineton idag och hon tror att det är det som stört ut hennes antipskotiska. Hon tror därför att det vänder nu. Vill att personalen ringer ned henne för samvaro. /█

Em: Agnes kommer hit själv hit vid 15.30 tiden. Stadig på benen men pratar mkt osammanhängande och det är svårt att höra vad hon säger. Hon dricker en tekopp och vill följa med ut på byn och köpa cigaretter när jag ska fara dit med en annan brukare. När vi så är på väg så kommer hon på att hon har inga pengar att handla så hon kliver av utanför hennes lägenhet. /█

12.01.31

Ringde Agnes 17.30 bjöd ned henne på kaffe, hon tackade ja. Jag tyckte hon lät lite halvsluddrig på rösten men sa inget om det, utan tänkte att det är lättare att bedöma hennes tillstånd när jag har henne framför mig. 18.100 ringer Agnes och pratar osammanhängande säger att jag väckt henne men vill fortfarande komma hit. Jag säger att jag har svårt att förstå vad hon säger när hon sluddrar så mycket. Agnes säger att det beror på att hon tagit sin kvällsmedicin och att hon ligger ned. Säger till henne att jag inte vill att hon kommer i det tillstånd hon är. Hon svarade då vet jag, jag kommer inte. /██

11.06.20

En mycket ledsen Agnes kom över ikväll efter att hon varit i kontakt med sin psyk.läkare ████████ ████. ████████ hade berättat att någon utifrån hade hört av sig ang. Agnes att hon tog Tramadol, upplevdes drogpåverkad och misstänktes sälja tabletter vidare, vilket hon hade tagit upp på behandlingskonferensen. ████████ erbjöd Agnes en avgiftning men hon tackade nej. Agnes tror att de som har sagt detta till psykiatrin är vi på Melinahus eller hennes anhöriga. Hon känner sig mycket kränkt upplever att någon har gått bakom hennes rygg och har nu tappat förtroendet för personalen. Hon vet ej om hon orkar bo kvar här eftersom hon inte kan lita på någon. /██

21:45

Agnes har varit i kontakt med sjukvårdsupplysningen eftersom hon har jobbiga röster. De tycker hon ska ta en antipsykotisk tablett och gå till personalen tills det lugnar sig. Hon ringer hit och vill komma hit tills Haldolen börjar verka. Stannar till 22:30 /██

11.06.23

Agnes kommer över vid 16-tiden o är mycket ledsen efter att ha varit i

kontakt med pappan. Hon vill inte att
vi pratar med honom om henne i något
sammanhang utan om han fortsätter ta
kontakt med boendet skall vi: citat
"hänvisa till mig jag är 21 år o vill
inte att personalen som någon
mellanhand angående vår kontakt utan
vill prata för sig själv" slut citat.
Vi har pratat hela em o Agnes stannar
här på boendet till 21.30 tiden./█

11.06.24

Agnes har varit här från 13:00 till
21:00 timmarna innan jag skulle gå var
hon ledsen över att vara ensam på
midsommarafton, inte vara önskad
eller inbjuden till någon. /█

11.11.08

Agnes kommer inte över och bad om
handlingshjälp kl 12:00 /█

11.11.08

Agnes har inte hört av sig under em o
kväll   /█

11.11.09

A. hörde inte av sig under fm./█

11.11.11

Agnes kom hit (på eget initiativ) och
var ledsen. Ingenting var bra. Hon
hade ingen. Har skurit sig. När hon
sitter här kommer █ och de far ut
och åker bil. Hon berättade också att
dem 21/11 skulle hon och █ iväg ang

förlängning av aktivitetsersättning.
Är utan pengar och mat. /█

11.11.13

Hade ringt o sökt mig på fm. Jag
ringde henne på em då jag kommit till
jobbet o hon ville kommma över. Mådde
dåligt. Hade svimmat 4 ggr under
gårdagskvällen samt kräkts. Hon
pratade av sig o var lättare till
sinnes då hon gick hem vid 17-tiden.
Var utan cigg o pengar o hade inga
pengar på mobilen heller så hon ville
göra oss uppmärksamma på att hon ej
kan ringa hit förrän hon får "tanka"
telefonen. /█

11.11.17

*Agnes ringer och söker █ kring
11.30 och låter lite skärrad på
rösten, men säger inte vad det gäller
och ber att █ ska ringa henne
när hon börjar jobba. Ringer igen
kring 15 tiden och frågar efter
█. Jag frågar om det är
någonting allvarligt som jag kan
hjälpa till med, hon berättar att
hennes hand är svullen och det gör
ont i armen och fingrarna går inte
att röra. Jag ber henne ringa på
Vårdcentralen för att få en tid. Hon
ringer upp igen och det finns ingen
tid att få idag på VC. Jag ber henne
komma över så jag får titta på det
och för att det ska kännas bättre för
henne. Hon kommer över och jag kikar
på det, en väldigt svullen och blå.*

Jag rekommenderar henne att ringa till Piteå sjukhus för att få komma in på en akuttid, men hon verkar vilja ha ett utlåtande av någon omvårdnadsutbildad. Hon får iallafall en Ipren och sen sitter vi och pratar i några timmar och hon nämner inte handen under tiden vi pratar. Hon är pratsam och ganska glad. /█

Em. *Jag kommer hit vid 17-tiden och Agnes är då här och visar upp sin vänstra hand. MKT svullen och missfärgad, kan inte förklara hur handen blivit som den är. Jag kontaktar ssk* █ *eller konsultation med arb.ledaren. Ssk kommer hit och tittar på skadan o ordinerar ett sjukhusbesök för att hon bedömer en fraktur/stukning. Agnes vill ha med med o vi kontaktar sjukresor o kommer oss iväg ca 18:30. Hon får träffa en läkaren som tror att skadan kommit av att hon har ett rejält självskadesår vilket läggs om o får därefter åka på en röntgen us. Svaret visar ingen fraktur/stukning men hon får med sig värktabletter o får recept på Panodil, Diklofenac samt Tramadol samt penicillin ifall hon får feber. Hon har varit glas och pratsam under hela tiden och mycket tacksam att jag varit hennes anhörige idag. /*█

Silvertejpsrester runt munnen, försöker att skrika, vråla efter någon som kan hjälpa mig snälla någon. ljudlöst, de har satt mig på mute. De har glömt mig.

Det känns som om de stirrar på mig, mest för att registrera nästa reaktion, nästa känsla, nästa storm, nästa stilla vatten. En spricka i fasaden eller den perfekta av skenmanövrar. Det blir tröttsamt. Bakom alla masker. Att kämpa för, att bara, tillåta, en: begränsad mängd tårar: att låta sippra ut. Skrika i kuddarna och gråta i duschen, att behöva låtsas, att kvävas, att krävas spela enligt regler.

Till slut kommer explosionen, för att sedan, stilla vatten utanpå, under så fruktansvärt liten, rädd, ensam bland känslorna, ensam bland tomheten. ensam i ensamheten, ensam i en för liten värld, ensam i en värld som tär. ensam i en värld så stor.

Fryser. Det var en lång natt, lång morgon. Funderar fortfarande på vad jag vill, med det här boendet: med terapin. Med vissa relationer. Med att flytta eller stanna   kvar.

Inhalerar småspik och spindlar. Just nu önskar jag mig till bättre tider. Daniel sover, personalen har lovat mig medicinen tidigare men jag vågar inte hoppas på någonting. Det är som att jag glider från det livet jag byggde upp mer och mer, en distans från det jag älskar.

•

Tog en bild på mig, stirrade sedan in i mina ögon genom spegeln. Har jag verkligen tappat så mycket höjd? Medicintyngda ringar undertill och en blick jag inte kan tyda, våta och blanka, tomma.

Undrar gång på gång, och jag vill förstå, om det är värt det? Vill hitta den där gnistan igen, veckorna går och ögonen blir glansigare och tommare. Vill få ett slut på det. *Jag vill stänga av tankarna. Slå på hjärtat, få det att slå.*

Det är hål överallt: tomma hål. Tar in vatten som avsaknaden av tårar som knytnävar i väggar som någonting som trots allt. Skriker: *jag vill känna någonting, jag vill känna något överhuvudtaget!*

•

Det finns så mycket mörkt, så mycket djupt etsat mörker inuti. Men han lyckas bryta väggar, barriärer, varje dag, jag måste ha gjort någonting, eller fattats någonting, för att på något sätt förtjäna all denna lyckan. Varje dag, att han, han som målar leenden, är det första jag ser på morgonen, och det sista jag ser genom mörkret innan jag sluter ögonen på kvällen. Hur kan jag någonsin förklara hur ovärdig jag känner mig detta?

Men det är ögonblicken jag skjuter de tankarna från
mig och bara tillåter mig att vara helt fylld av lycka,
tacksamhet, värme, kärlek, de är de ögonblicken jag
känner genuin lycka. Och jag tänker aldrig någonsin
släppa taget.

*"Söta Daniel o Agnes, det är som att om man pratar om
agnes: är alltid daniel med. Vad som än händer ♥ Finisar.."*

(kommentar på Facebook från lillasyster Lovis för
fyra år sedan)

●

”Jag vet att det bara är en tidsfråga innan jag skär
mig”

”Hur vet du det?”

”Jag känner det på mig. Jag kommer att förlora”

”Men du måste tänka att du inte ska göra det!”

”Det är ingenting jag planerar. Men jag vet att det
kommer att ske”

”Vad ska du göra åt det då? Du måste ju göra något!”

”Det finns ingenting jag kan göra. Det är bara att
konstatera”

Förbereder mig, packar psykväskan. Psykväskan är
en väska med det jag behöver för en akut inläggning,
som jag bara kan rycka åt mig om jag ska åka in eller
åka ambulans. Som står färdigpackad, då behöver jag

inte panikpacka med blödande armar eller ett förvirrat sinne.

För att det är bara en tidsfråga innan jag tar till det kalla stålet, hela min medvetenhet vrålar efter det. Ser framför mig stora gapande jack längsefter armarna, pulserande blod och jag längtar. Det hade varit lättare att motstå om jag känt mig rädd, om jag känt avsky, jag längtar.

Vad jag inte längtar efter är ambulanserna, suturerna, nervskadorna, omläggningar, akutpsykiatri, långa nätter i stärkta sängar med vak. Det är sidoeffekter, trots det så känns det fortfarande så lockande. En tidsfråga, vågar inte slå vad.

●

Det är ofattbart, kan nästan inte sätta ord på det. Vi alla säger *vila i frid*. Jag önskar att hon fick leva i frid istället. Minns allting.

Minns då hon var den enda jag hade att lita till, och då hon litade till mig. Minns allting. Minns då vi höll i varandra, hoppade och hoppades att landa mjukt. Olika men så lika.

Kommer alltid älska, alltid minnas: vi på 17 kvm2. Tjuvrökning genom fönstret. Fotosessioer. Gamla skolan. Alla rövarjakter. Esmeralda. Waynes.

Calippo citrus. Alla skrattattacker till ingenting alls. Vodka och red bull.

Då vi blev så trötta att vi slogs. Fear and loathing in Las Vegas. Midnätterna vid badplatsen. Nudlar. Madame e. Tjackharen. Då du sa att mina bröst var fula och bad mig att ta på mig BH. Tekken. Tecigaretter. All omtanke. All kärlek. All glädje.

Det var: *I'll lean on you, you'll lean on me and we'll be okay.* Jag kommer bära allt det och dig i mitt hjärta tills vi ses igen.

Det finns en del av mig som totalvägrar att det här är sant. Förnuftet förstår. Men det emotionella skriker och gråter och försöker att dra och slita i verkligheten. Att totalförneka verkligheten. Måste släppa det. Måste släppa det lagom. Måste lära mig sörja i en lugnade takt, måste lära mig att andas och våga släppa taget *litegrann.* En älva har blivit en ängel.

Vila i frid Jernbäcker, jag älskar dig.

Med fingrar, nävar runt nattlinnet. Om jag bara fick. Om jag bara kunde, få, Bara en gång till. Tårar som klibbar mot telefonen med akutpsykiatrins sjuksköterskas tomma andetag i telefonen, torkar av den, tar andetag som inte räcker till, som gör mig andfådd, och blek. Avslutas i panik, någonting händer på avdelningen, lämnas i skärvor och jag börjar få för få telefonnummer att ringa.

För få larm, blåljus att trycka igång. Vet att den där gången, den sista gången, har passerat, jag har närmat mig, varit där, tagit mig förbi, långt bort från, samtidigt som det känns som att jag står på kanten och slår mig blodig i kampen att låta bli *en dag till*.

Tankarna invaderar. En del av mig står, står stilla. Stadigt. Vindarna viner. Den andra delen av mig står så ostadigt på skatben. Vill skrika men förmår mig inte. Vill omfamna livet där rädslan tar över. Så många minnen som kastas i rännilen, som knastrar under kängor. Det finns ingenting jag hellre önskar än ett otvingat andetag. Att känna luft under vingarna, om än jag inte flyger.

Vad kan vara så smärtsamt? Andra sidan äntligen rum för andrum, eftertanke. Inte dansa i samma rytm om fötterna värker. Att inte kräva all styrka jag besitter, där sitter jag efteråt. Efter varje gång, svag och jävlig. Emotionellt och fysiskt dränerad. Aldrig mer.

Räddar andras liv, samtidigt som jag borde rädda mitt.

Det känns som om de stirrar på mig, mest för att registrera nästa reaktion, nästa känsla, nästa storm, nästa stilla vatten. En spricka i fasaden eller den perfekta av skenmanövrar. Det blir tröttsamt. bakom alla masker. Att kämpa för, att bara, tillåta, en: begränsad mängd tårar: sippra ut. Skrika i kuddarna och gråta i duschen, att behöva låtsas, att kvävas, att krävas spela enligt regler.

Att inte tillåtas leva fullt ut: av alla krafter. Få vara en människa, en person, någonting genuint. Få skratta gråta skrika le ilskas skämta skrämma. Bara få vara någonting jag är.

På samma villkor, utan de iakttagande blickarna, som granskar, analyserar, antecknar ned, minsta humör-svängning, minsta avvägning, minsta avvikande beteende från normen, de kantiga ramarna skapar sårskorpor överallt, där de skaver och gör förbannat ont.

Till slut kommer explosionen, för att sedan, stilla vatten utanpå, under så fruktansvärt liten, rädd, ensam bland känslorna, ensam bland tomheten. Ensam i ensamheten, ensam i en för liten värld, ensam i en värld som tär. ensam i en värld så stor.

●

Christel ringer, undrar om jag vill komma över och spela Yatzy, hör på hennes röst att hon redan tagit en för mycket. Oron tornar upp sig i mig. Byter om, kastar mig på cykeln. Andfådd möts jag av dem, Christel med ett sexpack folköl under armen, hennes pojkvän Liam sitter på betongtrappen, gråter okontrollerbart.

”Vad är det som händer?”, jag sätter mig bredvid honom och stryker han över ryggen, torkar tårar.

”Ja, vad fan tror du?”, han gestikulerar mot Christel.

”Vad har hänt?”, vänder mig mot henne.

”Ingenting”, hennes ögon är grumliga av alkohol.

”Det verkar inte som det...”, samtidigt inser jag att hon tagit

bilen berusad för att köpa öl.

Det är höst, det regnar, vi går in. Christel knäcker en öl, jag håller om Liam i soffan, han gråter. När kaoset stillar sig spelar vi. Till slut kan inte Christel spela mer, alkoholen tar ut sin rätt.

Hon börjar vandra runt lägenheten med knutna nävar, mumlar osammanhängande, verkar leta efter någonting. Stannar henne, frågar vad som händer.

”Jag letar efter Liam”

”Men... Liam är här, här är han”, jag leder henne till honom.

Hennes ögon är blanka och tomma.

"Vi måste hitta Liam! Han mår dåligt, vi måste hitta honom!", hon häver en öl till, luktar fränt av kaos.

Håller fast henne, plötsligt skiftar hennes ögon från klarblå till svart. Försöker ta sig ut ur lägenheten, jag blockerar ytterdörren.

"Flytta på dig!"

"Nej, du ska ingenstans nu"

"Nu flyttar du på dig! Annars vet du vad som händer", hennes nävar är knutna.

Hon trycker upp mig mot väggen och måttar ett slag. Liam ser vad som händer, drar bort henne.

"Du rör henne inte! Du rör fan inte Agnes!"

"Håll inte fast mig! Vi måste hitta honom!"

Hon lugnar inte ned sig, så jag och Liam fäller henne på hallgolvet. Vi båda måste sitta på henne, hålla fast hennes armar och ben. Hon skriker okontrollerbart, försöker ta sig loss. Jag inser allvaret, ringer larmcentralen. Närmaste patrull befinner sig fem mil bort, skriker åt dem i telefonen att de har blåljus av en anledning och att de måste vara här inom en mycket snar framtid.

Vi håller hennes armar, ben. Hon är omänskligt stark, tar sig nästan loss.

"Vi måste hitta Liam! Han mår inte bra!"

"Jag är här, jag är Liam! Känner du inte igen mig?"

"Nej, du är inte Liam, vi måste hitta honom", hon stretar emot, så stundvis lugnar ned sig litet, men vi vågar inte släppa taget.

'Jag är Liam, och det här är Agnes. Nu lugnar du ned dig!"

Efter en halvtimme knackar det på dörren, en manlig och en kvinnlig polis stiger in, vi släpper vårt grepp om henne. Poliserna talar lugnande med henne, efter ett tag klarnar hon till. Jag och Liam berättar vad som hänt.

'Släpp mig! Jag vet att det där är Agnes Lundkvist och Liam Rasmusson, det finns ingen anledning att ni ska vara här", polismannen hjälper henne upp och tar henne ur lägenheten för att separera oss. Kvinnan pratar med mig och Liam, jag går till köket och häller ut all sprit i slasken. Efter en stund kommer polismannen tillbaka med henne.

'Christel har lovat att gå och lägga sig direkt vi går. Och gör hon inte det så ringer ni direkt. Okej?"

Det är gryning, det bestäms att jag ska sova på soffan så att ingenting mer händer.

'Judas!", Christel lägger blicken på Liam.

'Vad kallade du mig?"

"Du är Judas! Du har hällt ut min sprit!"

"Han är inte Judas! Det var jag som hällde ut den!", paus.

'Då är du Judas!"

"Jag har inte förrått dig. Och du är fan inte Jesus"

•

Jag vet inte vad, göra, veta, tänka, ta vägen. Har ringt varje samtal. Larmat varje larm, greppat varje strå. Det är som att allting jag talat om, lärt mig, lyssnat till, läst om, förtvinat under den senaste tidens svärta. Gömmer mig. flyr och fäktar. Fäktar, flyr, jag finner ingenting annat än förvirrade blickar och en jävla massa: varför?

Att skriva är som att andas för mig. Nu kvävs jag, det finns ingenting som kan tvinga ur mig orden. Anstränger mig så, så hårt nu. Vet inte varför jag blev tyst. Stundtals skriver jag på bokmanuset, men jag börjar få slut på material, ork, drivkraft, inspiration. Kämpar för hårt för att skriva om nuet, om alla verkligheter och overkligheter. Håller mig till det förflutna. Om jag bygger bo där är jag trygg.

Fryser, trots att det inte är kallt. Tre koftor och tofflorna jag fick av Nina under bolltäcket. Jag fryser, jag saknar dem, jag saknar dem så mycket. En kall klump i magen och vet att jag är bortvald, kanske är det vad som gör ondast, att jag inte fick välja själv.

Den här gången valde dem, jag blev ensam kvar, jag kan inte säga förlåt, för det här är ingenting jag kan göra något åt.

216

Är inte ensam, jag har vänner, underbara vänner. En make, en fantastisk make. Men ändå fryser jag. Vi närmar oss den tiden på året, där de samlas, alla i en klump. Har min klump men saknar den jag egentligen hör till, för om någonting är för svårt, finns det ingenting att göra någonting åt.

•

Tyngdheter, orosmoln och sömnbråk. Det är ett heltidsjobb att samtidigt känna så mycket samtidigt tänka sig så mycket det går att oroa sig för så som morgondagen. Medicinstrul, tvångsduschar och fel sida hela tiden.

När Nikolai gick bort kom tankarna, tankarna att jag aldrig kunnat se mig åldras aldrig kunnat se någon av mina mor- och farföräldrar dö före mig ingen egentligen. Ett tänk så långt bakåt jag kan minnas att jag skulle lämna först kanske en trygghet att inte behöva stå kvar att själv släppa taget. och ingen släppa taget om min hand. Är det sucicidtankar eller bara en orolig inbillning, fantasiföreställning?

örsöker att minnas medicin sova äta. Det känns oväsentligt. Tandläkare, blodprover, storhandling, storstädning. Går över det jag orkar för att jag vet att annars orkar jag ingenting. Behöver bli antänd en liten stor anlagd brand som antingen ödelägger eller lyser upp.

Det är vinter inuti jag försöker värma fingrar tår men ledsamheten tar över och humörsvängningen tar ut sin rätt. Det är irriterad personal, familjehögtider, sovscheman, cellofanångesten som klibbar mot mina fuktiga sinnen. Jag blev tilldelad smeknamnet Ågnest för många år sedan. Det känns som om jag förlorar förstånd i samma takt som jag förlorar nära kära.

Det var alla helgons dag jag kunde inte förmå mig ljus kan kunde inte förmå mig att känna ro inför de runtomkring som gått bort.

Vissa på de mest brutalt hemska sätt, försöker att lita till deras beslut försöker lita till någon gud, vad svårt det blir när jag sitter och väntar på nästa samtal, nästa Messenger-meddelande, nästa SMS. Som om jag inte vill somna för att då måste jag vakna upp till en orättvis verklighet.

Känner mig tom, förstår inte riktigt hur benen orkar bära dessa tomma känslor dessa depressiva tankar. Var så passionerad i mitt skrivande så euforisk så förbannat bara jävla lycklig. Men sådant verkar passera och förhoppningsvis komma igen. Menlösheten mot lyckomanin.

Känner mig rädd, emotionellt handikappad. Samtidigt som jag känner mig tom är jag samtidigt fylld till bredden med det som egentligen inte ryms och spränger hjärtat. Imploderar.

Och sedan så självklart vid ansträngningen. Att inte försöka fullt ut, som ut i fingrarna: det bara skriker, och att backa, backa mot det där jävla stupet igen. Som alltid andrahandsvalet. Som att ständigt sitta på en jävla avbytarbänk.

●

Märker hur jag börjat spänna käkarna igen, tar på mig hörlurarna men glömmer att gå ut för att röka. Skriver, naglarna är längre än jag minns det. Tiden går trots att jag försöker att säga emot.

Rökpaus och jag trampar av mig skorna och trampar sedan i snön de fört med sig in, vindarna utanför gör mig orolig. Nysnön från taken piskar i ansiktet, känner på mig att natten kommer att, ja, outtalat för just nu.

Vill stänga av samtidigt som jag vet att det bara blir värre, kontrollbehovet är massivt. Har lyssnat till datorns överansträngda fläkt och dess konstanta surrande i över två veckor, undantaget om jag lämnat lägenheten. Stängde av datorn och paniken spred sig, det kändes som att allting försvann och var här på samma gång.

Förlorade fotfästet totalt, gav upp och i samma sekund fläkten började om att surra spred sig lugnet genom mig. Lämnade spår av ångesten men tillförde en lättnad. Det är för främmande, hur skör jag verkar vara. Vill sikta högre men i skrivande stund totalt nedslagen av faktumet att jag plötsligt kan tappa verkligheten sådär, bara av att stänga av datorn.

Precis inkommen från balkongen och mitt röksällskap och jag sade farväl för denna natten. Hur det för tio minuter sedan var så becksvart, omöjligt, hopplöst och skrämmande. Nu så fylld av ny energi och krafter igen, lägger dem välplacerat på en stunds stickning och sedan gå från planeringsstadiet och inspirationsnerverna till att faktiskt börja skriva.

Natten tycks oändlig. då jag står på min balkong och röker ser jag som mest fyra traktorer samtidigt, försöker att röja undan den lilla snöstormen. Inuti mig sitter den fortfarande fastpräntad, det är någonting med den här natten.

Ett tiominuterssamtal till jouren, en cigarett i tio minus i nattlinne för att känna var kroppen tar slut. Hjalmar i famnen med kattpäls mellan fingrarna. Tänder alla lampor i lägenheten. Ljuden från lägenheten bredvid tog slut efter en stunds knäppande och bankande, nu litet stilla i kroppen då jag lägger fokus på bokmanuset, inväntar gryningen, skyr mörkret. Är törstig men vill sluta fly: Läpparna har torkat ihop till tystnad. Hoppas på en, utan undantag inatt, befogad vändning.

•

Ber om två glas, säger att det är som att dricka ett gammalt ekbord.

"Det smakar som att dricka ett gammalt ekbord", säger han med blicken fäst vid mina bröst, känner hur hans puls ökar då mina läppar möter glaset. Värmen från drycken sköljer över mig, min hals bränner, mina kräkreflexer är svåra att placera, är det whiskyn eller de äckliga blickarna? Som om han redan vet.

En öl blir två drinkar blir tabletter, ett suddigt medvetande. Han tar i mig stundvis, ser mig inte i ögonen, blicken vid mitt bröst där vi sitter i soffan.

"Jag gillar dina läppar", han smeker mitt lår, möter min blick, jag ryggar tillbaka under tyngden av obehaget.

Där min medvetandegrad hamnar ur fokus, för ett ögonblick svart, tar han ett fast tag om mitt huvud, kysser mig. Handen bestämt placerad om min nacke, knyter näven i mitt hår. Stannar upp, ser mig, med en skelögd blick, i ögon jag knappt orkar hålla öppna.

En brytpunkt, han tar mig runt handleden, leder mig till sovrummet. Jag viskar så högt jag vågar: *nej, jag har mens, nej, snälla sluta.* Svart. Vaknar till av att han målmedvetet sliter av mig kläderna. Han stannar upp där jag endast är iklädd BH, knäpper omsorgsfullt en hyska åt gången, ger mig kalla kårar. När han försiktigt trär av den kysser han mig på skuldran. Jag gråter whiskytårar.

Svärta. Vaknar till av ett bultande underliv, han har ett fast grepp om mig. Kan inte förmå mig att skrika, ligger pillerparalyserad under honom. Kan inte förmå mig att gråta. Blundar, önskar mig bort.

Svärta. Kommer till medvetande när han tar tag i mitt hår och trycker mitt ansikte mot hans sköte. Vid ett ögonblick hinner jag tänka för mig själv att detta inte är på riktigt. Som att långsamt, stötvis, drunkna oförmögen att dö.

Svärta. Vaknar i natten av att han sover bredvid mig i sängen. Under samma täcke som mig. Samlar ihop mina kläder i mörkret, hans huvud på mina byxor. Faller ihop, en blöt pöl. Underlivet värker, svalget värker, hela kroppen värker. Det är svårt att lägga alla pusselbitar på plats.

Om morgonen petar jag på honom med foten.

"Klockan är 1215, din buss går 1320", han mumlar till svar.

"Du kanske vill ha frukost?", det är den 18e december och det är kallt ute.

Dagarna avlöser varandra, spenderar dagarna i totalt kaos. Den 21a december gråter jag hela dagen, från då jag vaknar till jag somnar. Det finns inga alarm som går, skriker i handflatorna och ber om lugn till en gud jag inte tror på. Varför larmar ingen? Varför är jag helt ensam i det här?

Halvligger i soffan, ser på Daniel och katterna leker. Mitt liv. Det är jul, julgransljusen bländar och jag tänker, mitt liv. Måste göra det för mitt liv. Det är juldagen, jag ringer polisen. Någon timme senare stiger två poliser in, påbörjar ett nästintill tre timmar långt förhör. Alla vidriga ord, äckliga minnesbilder. ”Var han inne i dig?”, jag ser vapnet i hölstret, impulserna att skjuta mig är nästan oövervinneliga.

Vill skrika att jag ångrar mig, be dem sluta. Ångrar mig, jag ångrar mig. *Snälla ni, jag ångrar mig.*

”Använde han kondom?”

En vecka senare ringer telefonen.

”Är det Agnes jag pratar med?”, instämmer, ”Jag ringer angående anmälan du gjorde och har några frågor”, svarar modigt.

”Har någon pratat med honom?”

”Nej, inte än. Det tror jag inte.”, hon förklarar att jag blivit tilldelad ett målsägarbiträde, att de och åklagaren har frågor, vi bokar in ett kompletterande förhör. Andas dödslängtan.

De rubricerar det inte bara som våldtäkt – även grov våldtäkt.

"Har någon pratat med honom?", en tid senare sitter jag i kompletterande förhör på polisstationen, växlar blickar med poliskvinnan och målsägarbiträdet.

"Det tvivlar jag på, inte än", hennes blick gör mig ostadig.

Gjorde jag inviter? Sade jag någonting som fick han att tro att jag ville? Var det verkligen inte mitt fel? Trippade på sidan av medvetslösheten som jag själv skapat med vodka, bensodiazepiner och gammalt ekbord. Blir det verkligen inte mitt fel när jag var där, existerade, bara fanns till med en kropp som fick honom att förbruka?

Det är som att dö, om och om igen. Polisen vill ha alla våra konversationer, tvingad laddar jag ned appen igen, loggar in och kväljningarna avlöser varandra. Det är så vidrigt, att printscreena allting. Att se hans kuk, hans ord. De smickr-ande, vänliga orden.

Sparade allting från appen och Messenger, ömsom undrar jag om jag gjorde någon invit, om jag gav ut signaler att jag ville ha de smutsiga orden, dick picks, om jag verkade vara intresserad av någonting annat än vänskap? Om jag ingav hopp inför någonting när jag bjöd hem honom? Är det inte mitt fel, så säg.

•

Vita andetag, ikväll frostas inte läpparna. Sitter med oräkneliga trådlösa tankar, ingenting som binder dem samman, svävar inom mig. Kraschar in i sidan av kraniet, jag gnyr: om det bara gick att vila. Om jag inte alltid kände där det begäret att skriva, om det bara kunde få förbli tankar, vilande tankar. Mina censurerade tankar, längtan efter det svala stålet. Ett liv hänger på en skör tråd, är det mitt?

Kan inte förmå mig att skriva om det. Tre korta tre långa tre korta, andas SOS men var är hon som inte kan höra mig? Det blir så kryptiskt tillslut, det är tre enkla bokstäver som blir så mycket mer tillslut, pixlas ned till miljoner små bitar av ångest som sprids runtomkring.

•

Vaknar till väckarklockan som skriker, hugg med saxar i magen. Det river, sliter, jag drunknar invärtes. Mar-drömmarna är konstanta, letar mig tillbaka till den natten där jag ligger, precis där det hände. Polisen tog sängkläderna, trots flera ombäddningar känner jag smaken av hans andedräkt och de hårda händerna så fort min rygg landar på madrassen.

Ömsom vaken, ömsom sovande sitter jag i väntrummet på MVC. Får kväljningar av alla dockor, leksaker och mamma-tidningar, rädslan att vara besudlad är rättfärdigad, skräcken att vara gravid är överväldigande. Barnmorskan är sen, för varje

sekund jag väntar kommer rädslan närmare.
"Vad kan jag göra för dig?", jag svarar inte. "Men du,
vad är det som har hänt?", Barnmorskan ser på mig
med ögon som penetrerar själen.¨

"Jag har blivit våldtagen, och vill testa mig för
allting"

Vi talar en stund, jag får återberätta, gråtattackerna
avlöser varandra. Lämnar urinprov och svabbar
underlivet. I väntan på graviditetstestet ber jag till en
gud jag inte tror på, att snälla låt mig inte vara gravid.

Hon kommer in i rummet, som en lättande suck, och
förklarar att jag inte är gravid. Lättad gråter jag.
Någon vecka senare visar det sig att jag inte har
någon könssjukdom. Han kan förstöra mig, men inte
förgöra mig.

●

Sitter med smutsigt hår och lyssnar på Jónsi, slut
cigaretter och slut på krafterna. Paus. Läser och
springer ut på balkongen, bryter ihop och gråter
okontrollerbart. Läser det svart på vitt, att hon hatar
mig. Att jag inte har någon chans. Att jag är
bortkastad och värdelös. Hon hatar mig och vill inte
ha någonting med mig att göra. Jag är raderad.
Tårarna slutar inte rinna och jag skakar
okontrollerbart, bara stirrar in i skärmen.

Ljuset dominerar fortfarande dominerar ute, ljuset

inom mig inte. Efter ett par veckors overklighet-
supplevelser och verklighetstvivel har jag kommit in
i rätt medicinering. Det gör ont att offra någon
medvetenhet ibland, men jag har bestämt mig att det
är värt det.

Jag överger vadsomhelst för något friskhetstecken
av något slag, var tvungen att stanna till flera gånger
på vägen hem för att vara säker på att jag hade
kontroll över min kropp, mina tankar. Magen har
kapitulerat och jag har ont överallt. Fick några ord
på Emelie tidigare och det värmde, som alltid.

Egentligen känner jag mig rädd, egentligen.
Medicinen håller mig på ett sådant avstånd till
verkligheten att jag inte känner det, jag ser dem
runtomkring falla som käglor och jag borde känna
någonting, bara stirrar rakt ut i luften. Bara stirrar.

Vaknar genomsvettig efter en lång natt klädd i
mardrömmar. En stor kopp kaffe och morgon-
cigaretten klädd i oro och rådvillhet och ensamhet
sitter jag på min balkong, vet inte vad jag ska göra.
Ambivalensen är total. Handlingsförlamad och
besitter en hel del skuld, för att jag vet vad som är
rätt, och då förlorar jag allting. Allting som känns
som mitt allting.

På något vis tog krafterna slut, bara stirrar. Tänker
på all energi som obarmhärtigt bara slits från mig,
utan att fråga. Inte tecken på välmående. Det tappar
färg, jag tappar färg. Letar desperat efter livstecken,
efter någon form av liv. Det var längesedan nu.

•

3 år skadefri idag. 3 år sedan jag satt på de mjuka lädersätena i sjuktaxi hem från akuten på PÄS med nysydda armar. Tänkte: aldrig mer. De ville låsa in mig, lyckades smidigt manipulera dem.

Letar efter rakhyvlar. Vet inte hur länge jag står ut. Vet att jag skrämde mig sist, blodigt badrum, ambulansfärd, morfin och många, många stygn, nervskador, akutpsykiatri och övernattning.

I 18 år har det varit min överlevnadsstrategi, mer än halva mitt liv har jag hanterat livet med rakblad. Det sitter så djupt rotat i mig, det är det jag gör för att hantera livet. Även eufori kan få mig att ta till det kalla stålet. Rakbladen har hållit min hand för länge nu.

Efter våldtäkten har både självskadetankarna och självmord-stankarna kommit tillbaka. Hur kan någon ta i mig? Förstår inte kramarna, Daniels läppar. Hur förbrukad jag känner mig. Är smittbärande, smittförande. Vill inte stöta bort, samtidigt känner jag mig äcklad inför att vara nära.

Vill dö mer än jag orkar leva.

Känner hans kuk i mig, i min hals. Kväljningar och skär-begär. Har inte hört mer från polisen, väntar på att de ska lägga ned förundersökningen. Någon sade till mig att "det kommer att bli lättare efter rättegången" och jag fick tänka efter att fan, tänk om det blir en rättegång. Trodde aldrig att jag skulle behöva se honom igen, höra hans röst. Vilken jävla mardröm.

Vet inte hur jag ska ta mig genom detta hel. Är så fruktan-svärt trasig. Överväger självmord varje dag, bara tankar, inga planer. Önskar att jag kunde blinka bort detta, eller bara gråta.

Jag gråter inte.

●

Kan inte hålla mig upprätt. Det är så mycket som tynger. Rösterna och dödslängtan flåsar mig i nacken. Tänker inte ta livet av mig, leker ändå med tanken. Har jag nog med tabletter och sprit? Har jag ett stadigt rep? Har jag utrustning att skära mig nog djupt? Vilken höjd måste jag hoppa från?

"Varför stirrar du på mig?"

"Du har sådana ledsna ögon", personalen ser oroat på mig,

"Jag vill veta varför"

Hur någon kan se genom själen.

●

Det är natt, Daniel väcker mig.

"Christel kommer strax, hon har rymt"

Byter om från nattlinnet, en stund senare ringer det på dörrklockan. Öppnar och släpper in henne, ber henne gå ut på balkongen, tända en cigarett och vänta på mig. Jag ringer hennes mamma.

"Har ni tappat bort någon?", Christels mamma och Liam är på väg till mig för att hämta henne.

Det är svårt att höra vad hon säger, hon gråter kontrollerbart, håller upprepade gånger på att tappa cigaretten. Försöker trösta, tänder nya cigaretter för att hålla henne kvar på balkongen. När hon förklarar att hon ska gå, förklarar jag att nej, det ska hon minsann inte göra.

Tränger mig före henne genom balkongdörren, skyndar mig till ytterdörren, blockerar den.

"Flytta dig!"

"Din mamma och Liam är snart här, med dem kan du gå"

"Åh såklart har du ringt dem! Flytta på dig, jag ska ut!"

"Nej, du får vänta på dem"

"Släpp ut mig! Flytta på dig, annars vet du vad som händer!", hon knyter nävarna, håller dem framför mitt ansikte.

'Du kan hota mig, du kan slå mig, men jag kommer inte flytta på mig förrän de kommer!"

En stund senare knackar det på dörren. Jag förklarar att hon inte är välkommen i framtiden.

•

För en evighet sedan, i vårt mörker möttes vår blick. Trots att du blundade såg jag dina isblå ögon. Med en stöt i hjärtat minns jag allting, allting jag tappert försökt förtränga. Undrar om evigheten, kommer det falna?

Det värker, det bränner, mitt hjärta sargat. Åter slocknar vaniljstjärnorna på en mörk himmel. Vaniljhjärtat åter separeras från mitt.

Allting blir svart. Ett dunkelt kalejdoskop, en mörklagd karusell, jag skriker bland alla minnen. Är det inte nu jag slutar andas? Hjärtat slår som om den bringar sin sista kraft. Försöker få luft, samtidigt som hon håller mitt huvud under vatten, sådana kränkande ord. Vidriga ord.

Hur jag kan stå upprätt, de står frågande och undrar: efter alla gånger jag blivit trampad på. Nu är du borta, tog steget ur vår värld, mitt hjärta glöder. Kommer hålla minnen om blodssystrar tätt intill hjärtat, vaniljsyster, nu är du död för mig.

En stillsam sömn innan telefonens ilskna signal, ett okänt nummer. När jag svarar möts jag av mitt målsägarbiträde, hjärtat slår plötsligt hårt, smärt-samt, han behöver inte säga det han ska säga.

"Förundersökningen är nu nedlagd, i brist på bevis"

"Så det är ord mot ord?"

"Ja, Daniels vittnesmål var inte starkt nog så i och med det så står det ord mot ord", mitt hjärta hårdnar, svartnar, blodsmak i munnen.

Det har gått över fyra månader. Fyra månader av hopp, fyra månader av avsmak vid beröring, fyra månader av mar-drömmar, ångestattacker och tårar.

"Som att dricka ett gammalt ekbord" ekar i det grå sovrummet, återupprepas, ett surrande ljud av ett krackelerat hjärta tills jag kräks av ångest, känner hans händer överallt, känner hans andedräkt på min nakna hud, under alla kläder.

En del av mig känner att det är skönt, känner att mina fragila sinnen inte behöver kämpa med tankarna på ovissheten. En del av mig blir arg, hur det jag var med om inte är intensivt hemskt nog. Båda delarna av mig vet om statistiken, vet om att det var naivt att hoppas.

Så jag somnar om, bäddar in mig i mjuka lakan, sover till sen eftermiddag. Stänger allting ute, känslan att jag bara vill falla sönder i Daniels famn till trots.

•

Ligger stilla hopkrupen i soffan i sommarstugan, känner doften av mammas snus där hon ytligt sover sittandes bredvid mig. Hennes rogivande andetag når mig, inte riktigt snarkningar, små läten. Hör mormor hugga ved, hon har gjort det i timmar. Ljudet av Daniel bläddra i serietidningar. Sluter ögonen för en stund, andas in doften av snus, den vedeldade kaminen.

Ett lugn sköljer över mig, tar stryptag på ångesten. Kväver den tills den lämnar. Stiger upp ibland för att röka, sveper ett saftglas. Vi är i stugan, Ugglebo. En välbehövlig paus från vardagen. En liten svart stuga i skogen, inga måsten, inga krav. Bara vara, bara existera på mina villkor. Lägger mig i soffan bredvid mamma igen. Inhalerar allting.

Är här nu. Jag ler nu.

•

Bröllopsdag, vår bröllopsdag Daniel. Aldrig har jag upplevt sådan total kärlek, värme, åtrå. Genom djupa skogar, vackra dalar, svindlande höjder, att sova tätt intill. Känna

233

två hjärtan mot varandra, lugna och stärkta slag i samma takt.

Har aldrig sett så vackra stjärnor som dem jag ser under din stjärnhimmel där jag betraktar dem passionerat med fingrar jag stryker över din hud. Födelsemärken som stjärnbilder, solar.

Hur kan man vara så jävla kär? Ruvar på min skatt, din hand i min, den fantasin jag har. Åtrån, förälskelsen, nära till tårar. Du vaggar mig in i ett vakuum, med hela rymdens mörker. Där finns bara vi. Utan tvivel, rädslor, där våra själar träffas. Där kanske, där kanske det finns utrymme för oss. Jag beundrar dina stjärnor, dina solar. Och jag vill aldrig lämna.

●

Mot morgonen, illamående färdas jag genom ett froststött landskap, på väg mot psykiatrin på PÄS, hopp om sluten-vård. Mamma bredvid med lösryckta meningar, äntligen ska jag få hjälp.

Vänder mig bort och skapar kondens mot den kyliga bilrutan, spänner mig, pillar på sårkanterna. Är ett stort, öppet sår. Vätska rinner ut som tårar, tror inte att hon ser dem, faller för tunga för kinderna. Larmar allt för ofta, de hör mig, trots det ingen som ser. Ingen som ser hur det pulserar ur mig, idag ska jag forma orden som ska förstås av dem av vanvettet jag själv inte förstår.

De sitter i soffan i väntrummet på bottenplan, väntar in mig, mina kontaktpersoner. Nerven i mig inför att träffa min nya läkare värker.

"Godmorgon", som någon jävla solstråle.

Nadja, min nya läkare, välkomnar oss in på knackig svenska. Sätter mig ned bredvid hennes skrivbord, där sidor i anteckningsblocket är fullklottrade. Förstår att det handlar om mig. Hon ser inte ut som en psykiatriker, inte lika trött.

Jag fastnar vid den röda strassen på glasögonkarmen, hennes ormskinnsstövlar och röda skinnkläder, plötsligt så långt borta. Hon frågar om vanföreställningarna, rösterna. Jag försöker svara så korrekt som möjligt för att inte rasera några murar.

"Jag se här i journaler du hör röster?", hon gör sig knappt förstådd. Jag nickar.

"Vad de säger?"

"De kan vara kritiserande, uppmanande, dömande, ibland förstår jag dem inte. Oftast får jag inte prata om dem", andas farlig luft.

"Det står även du ha paranoida tankar? Känner du att det finnas kameror som ser dig?

"Tänk dig att det känns som att någon står bakom dig hela tiden? Så känns det", ljuger om kamerorna och mikrofonerna, det är farligt att prata om.

Hon vill ge mig Iktorivil, jag vägrar. Vägrar mer bensodiazepiner, vill bli kvitt dem. För några år

235

sedan åt jag dem som strössel, nu en obehaglig känsla.

Avdelningen full, jag lämnar samtalet 200 mg. Lergigan forte om dagen rikare och några kubik hopp mindre. Det som var så viktigt, att få komma in på slutenvården. Det som var livsavgörande, nu ett tröstpris och sedan kondens mot rutan i mammas bil, tillbakahållna tårar, pillar på sårkanten.

●

En timme och femtiotre minuter i telefonen med en kär vän. *Har aldrig stått där du är men tro mig, jag har stått bara någon meter från dig. Jag kan innerligt inte säga att jag förstår, men tro mig då jag säger att jag förstår där jag stått några meter från dig.*

Garbage på låg volym, tar nostalgin till en högre nivå denna natt. Inväntar rätt ögonblick att öppna Word, gå genom det gamla bokmanuset: påbörja redigeringen av det. Detta är någonstans mellan den sjunde och den tionde gången jag står inför det, förstår att jag nog aldrig kommer att bli klar, jag kommer inte att kunna lämna det bakom mig.

Kanske lever jag just genom orden, kanske klarar jag mig inte utan dem. Kanske klarar jag mig inte utan den tiden de orden representerar. Någonting som jag har lärt mig under den unga natten är att om jag ska vara medveten får jag inte vara rädd.

Har dimsyn, kroppen skakar, pulsen är hög. Koffeintablett på koffeintablett på kaffekopp, nu då jag har inspirationen skall jag vara vaken, jag ska vara medveten. Jag ska skriva, sömnen får vänta en natt.

●

"Nej! Jag vill inte hjälp såhär", jag sitter i väntrummet på vuxenpsykiatrin, hör henne med panik i rösten som bryter främmande.

"Vi kommer att hjälpa dig här på avdelningen"

"Nej! Jag förstår inte hjälp såhär!", det märks att språk-barriären är svår att komma över.

De börjar brottas i korridoren, någon trycker på personl-armet. Larmet inuti mig går i takt med lampan som skriker i taket, den gälla tonen.

"Det kommer ta en stund innan doktorn har tid", resepti-onisten talar trött till mig.

"Då går jag ut och röker", inhalerar röken bredvid skylten om rökförbud, det larmar fortfarande innan bröstkorgen. Människor går förbi med grå ansikten, alla träd har förlorat höstlöven.

"Så planeringen för dig är att du ska läggas in på avdelningen för avgiftning av Stesolid?", en AT-läkare talar till mig med auktoritär röst.

"Jo, jag skulle vilja även sätta ut Venlafaxin"

"Det står inte i anteckningarna, så det får du prata med din öppenvårdskontakt. Det står dock här att du är intresserad av att börja i terapi då du tagit bort Stesoliden, stämmer det?”

”Jag tror att jag och min läkare inte riktigt förstår varandra”

”Okej. Åter till planeringen, Du äter ju en och en halv tablett på morgonen, och en tablett till kvällen. Så vi börjar med att ta bort en halv på kvällen, sedan en halv på morgonen och så fortsätter vi tills den är borta. Det kommer ta cirka fyra-fem dagar”

”Det går fort”, jag pillar upp sår på fingrarna.

”Ja, du tar inte så stor dos. Hur känner du att du mår idag? Bättre än vanligt? Sämre än vanligt?”

”Sämre än vanligt, helt klart sämre än vanligt”

”Du som ser så lugn och behärskad ut kan väl inte må så dåligt?”

Blir arg, är en liten introvert person som bär mina känslor inom mig. Kastar inte runt saker, skriker. Gör mig inte förstådd, kanske borde syla ett vattenglas i väggen nästa gång.

”Du får vänta här några minuter så ska jag se till att de har en bäddad säng och att de kan ta emot dig”, han försvinner ur rummet tjugo minuter och återkommer.

”...fast jag vill vara säker på att jag inte skrivs ut då jag mår så dåligt, att jag inte skrivs ut bara för att jag är Stesolid-fri”

"Vi kan inte med säkerhet säga vad din ångest beror
på. Om det är din 'vanliga' ångest eller ångest för att
du inte har Stesoliden. Och nu i COVIDtider har vi
högt tryck på avdelningen, så du kan inte stanna hur
länge som helst"

De släpper in mig på avdelningen, den tunga dörren
slår igen bakom mig, jag slås av lugnet, tystnaden.
Känner nästan igen alla skötare och sköterskor.

"Men hej Agnes! Vad roligt att se dig!", en kvinnlig
skötare bryter mina dämpade sinnen.

"Men du, roligt att se dig med!"

"Eller ja, under omständigheterna såklart", hon
rättar sig.

"Vi ska till höger, längst, längst ned", två skötare
leder mig till rum 7. Jag är nu säng 7:2.

"Har du med dig någonting du eller jag kan skada
mig på? Rakblad, nålar?", en skötare söker genom
mina väskor med latexklädda händer, jag skakar på
huvudet.

"Någonting i fickorna?"

"Nej, telefon, cigaretter, tändare."

"Tändaren tar jag!"

Sätter mig på den stärkta sängen, ber om en filt och
extrakudde. Vakuum. Försäkrar mig om röktider.
Blir informerad om restriktionerna gällande
COVID-19, ingen rökfrigång, inga friheter, inga
besök, inga permissioner.

Rummet är svalt, nästan kyligt, ber dem att inte sätta på elementet. Skärrad av alla tankar som klister mot huden. Andas in kaoset djupt, jag är 7:2, ingenting annat. Hör oron, paniken i min röst.

Sedan kurar hop mig till en liten boll under den orangea landstingsfilten, ligger så innan jag går ut och röker. Inga tändare, inga tändstickor, utan en cigarettändarmakapär på väggen. En skötare hjälper mig, att trycka på en knapp för att starta glöden i ett hål, sticka in cigaretten och suga. Fungerar sporadiskt.

Det är röktid varje hel timme i trädgården, bakom det drygt två meter höga, bruna planket. På väg till min klockan-artoncigarett går jag in i dagrummet, där sitter flera skötare och patienter. Plötsligt hör jag en av skötarna inhalera hastigt, hon pekar på mig.

"Du fårn'te vara här!", hon vrålar med demonröst mot mig.

"Fast va? Jag har varit här hela dagen?"

"Du måste COVID-testas för att få vara ute på avdel-ningen!", hon lugnar inte ned sig.

"Nej, nu får det vara bra. Jag testades för några dagar sedan och jag har inga symptom"

"Ja, men då ska jag kolla det. Gå ut och rök så länge", hon låser upp dörren till trädgården. Jag behövde inte testa mig igen.

Natten nalkas, får min medicin, känner det klibba under huden. Ringer larmet, blinkar ilsket rött.

"Jag känner bara... jag är snart fyra år skadefri och jag romantiserar det i huvudet och drar fingrarna efter armarna tänker: 'snälla bara en gång till, bara en enda gång till'. Jag behöver bara få prata några minuter"

"Ja, några minuter, sedan ska jag rapportera till nattpersonalen. Bör vi vara oroliga för dig?"

"Jag har inga planer, men bara den där känslan att 'snälla en gång till'"

"Vill du ha en ishandske att hålla om istället?", jag nickar.

En ishandske är en latexhandske som är fylld med vatten, de fryser den och delar ut. Tanken är att förflytta smärtan inuti till den smärtan ishandsken ger efter man hållt den en stund. Som en kontrollerad självskada. Bryter av fingrarna vid fästet, om den får smälta litet går det att hålla i den i handen, som om man höll någon i handen. En iskall hand, håller den hårt.

Dagar går, lägger märke till hur artig jag blir på avdelningen. När någon låser upp en lyckt dörr säger jag tack. Blir utsläppt i trädgården för att röka, säger tack. Blir insläppt, tack. Får mat, mediciner, tack. Någon spritar mina strömbrytare på väggen, då säger jag tack.

"Det är tänkt att du ska skrivas ut i övermorgon, du får träffa läkaren imorgon och se vad hon säger"

Det är få patienter på avdelningen, trots att de säger att de är överbelamrade. Det ligger ett lugn över korridorerna. Vandrar fram och tillbaka för att röka, för att annars sova ytligt, ser serier om seriemördare på min iPad. Kopplar bort, stänger av.

"Ja, som jag förstår det så är du inlagd för att sätta ut Stesolid? Var det något annat?", tre läkare har presenterat sig för mig.

"Ja, Venlafax..."

"Då får du prata med din öppenvårdskontakt. Som jag förstår det så var din planerade vårdtid fem dagar, och att du skrivs ut imorgon. Hur känns det?"

"Det känns inte alls bra, och alla hemma är väldigt oroliga"

"Finns det någonting jag kan göra för dig?"

"Ja, jag behöver hjälp med ångesten"

"Då får du prata med din öppenvårdskontakt", 40 sekunder. Samtalet kan inte ha tagit mer än 40 sekunder, utskrivnings-samtalet.

En novembermorgon lämnar jag avdelningen, dosetten fri från bensodiazepiner för första gången på över tio år. Känner fortfarande abstinens, psykisk som blir fysisk och fysisk som blir psykisk. Mamma hämtar mig, en trött dotter, kör mig hem genom den karga hösten. Kräkreflexer, cigaretter som smakar illa, är rädd att jag kommer komma tillbaka. Att jag kommer förlora mot mig själv, igen.

●

Snön föll tung om morgonen. Sitter med Lars Winnerbäck i handen och försöker att lista ut varför dagarna tycks gå tyngre och tyngre för varje dag. Varför jag inte vill gå och lägga mig, varför jag inte kan stiga upp, varför jag bara vill sova om dagarna, varför jag inte talar mer med dem jag älskar, varför jag slutat skriva?

Fulländat kaos, saknar mina klippor. Saknar klippor, saknar bromsar, saknar någon form av platå. Drunkningskänslor i en vattenpöl, kvävningskänslor av gaslindor. Känner mig sådär närvarande igen, på det där obehagliga sättet. Hur verkligheten kryper tätt inpå och jag märker av vartenda ljud, varje känsla, varje ljusskiftning, varje doft. Allting blir så tydligt.

●

Elva år sedan, låg dubbelvikt på mammas köksgolv. Grät, skrek, vrålade mig matt. Någonting så ofattbart, för elva år sedan igår andades hon, nu finns hon överallt. Mörka rum, försöker minnas henne som den färggranna personen hon var, hamnar i fosterställning med sältade kinder. Kära Ulrika, hoppas att du funnit den frid du sökte. Jag kommer aldrig sluta älska dig, sakna dig,

Frostade fingrar dansar över tangenterna. Imovanen slår mig med full kraft, ryggar tillbaka. Det är natt, alla sover. Föredrar det så. Är ensam vaken, ensam med mina ord. Förrädiskt, förtrollande omvartannat. Stora svarta hål, faller efter dig Ulrika.

•

Sover en oändlig sömn, marken vibrerar. Ingenting under den. Sover bort dygn efter dygn och jag kan inte fly även om jag försöker. Ibland skriker dem och ibland är det tyst. Låser balkongdörren med ett spännband, hela världen ser mig där jag ligger, sover.

Smakar på tomheten, det skriker igen, skriker så hög att jag inte kan värja mig. Glansiga ögon, jag kastade mig ut. Kastade ut mina känslor, föll, faller, fann botten. Hör tågen genom musiken, inväntar sömnen, att krypa ur den här klänningen. Jag misslyckas fatalt varje gång, ni vet, det där med känseltrådar.

Idag blev det så glasklart, jag kommer aldrig att vara tillräcklig. Erkänner, ingen sa att det skulle vara lätt, men å andra sidan var det ingen som förklarade att det skulle bli såhär svårt. Ett plåster på en skottskada, *jag saknar dig.*

Det. Orkar inte med det, längre. Har försökt så länge, ett steg framåt, faller och snubblar, tre steg bakåt. Hade ingen aning om att jag hade så många tårar att gråta, ingen som rinner över men de känns i hjärtat. Sitter fast i stora klumpar i vener och artärer, mitt hjärta får inte tillåtelse att slå i takt längre. Oregelbundet, frustrerande, repor i skivan.

Kontrast, det färgsprakande svartvita av mig. Vansinnes-färden nedåt tycks så påtaglig efter en kaotisk natt, inkluderar det mest oförlåtliga jag gjort mot mig själv. Kontraster: jag önskar att det vore lättare, att det inte vore så fruktansvärt svårt. En paus och jag håller andan när jag borde andas, istället för att inhalera det nya i mitt liv så håller jag krampaktigt fast vid skärvorna av det förflutna, det känns som om de är allting jag har.

Jag älskar dig, detta känns alldeles för svårt och jag saknar dig. Saknar dig så mycket att jag inte vill umgås med någon om de inte är du. Saknar dig så mycket att jag sluter mig och vägrar släppa in ljuset och smärtan.

Är övertygad om att det är meningen att det ska vara vi, en hel värld som försöker motbevisa det. Saknar dig så mycket att jag inte kan förmå mig att skriva någonting till dig, jag vågar inte närma mig, rädd att du kanske också slutit dig från ljuset och smärtan. Klarar mig inte utan dig, saknar dig.

Hade hoppats på att sova bort det, det går inte att klösa bort, det finns ingen skorpa, det ligger djupare under huden och jag vägrar ta till kniven om jag än så vore för evigt begravd i detta. Jag saknar er, vänta på mig.

•

Telefonen skriker, hennes namn dyker upp på skärmen: Emelie Matthew. Jag för fingret över den gröna luren, impulserna att svara kräver krafter jag inte har. Svarar, trots det, inte. Hon ringer igen. Svarar inte. Hon skickar SMS. Svarar inte först.

Emelie: Hej hjärtat, Darlo! Hur är det? Kram.

Jag: Jag vill inte prata.

Emelie: Varför?

Jag: Jag vill inte prata. Låt Daniel vara.

Förmår mig inte att förklara. Hon slutar inte ringa under kvällen, natten, skicka SMS. Slår av ljudet på telefonen. Känner mig kall som inte svarar, som inte svarar på hennes meddelanden, känner inte mitt hjärta slå innan bröstkorgen. Är för förstörd, för rämnad, att svara.

Emelie: Vad är det?

Emelie: Ring och berätta, ring och fråga, ring och låt mig förklara vad det nu är.

Emelie: Kära Agnes, jag älskar dig, min fina vän. Ta hand om dig och... Jag är tvungen att göra detta ♥
Emelie: Vad är det som händer? Kan vi prata? Kan du skriva vad, varför?

Emelie: Agnes, jag förstår inte... Jag vill förstå.

Emelie: Har jag gjort något fel? Seriöst! Jag pratade med Daniel... Jag vill bara vara hans vän. Jag är din vän men jag antar att "status nu" är att jag verkligen vill vara din vän. Jag tänker inte skriva mer, jag tänker inte jaga dig mer. Det här är det sista du hör från mig. Glöm aldrig att du har en speciell plats i mitt hjärta! Ta hand om dig ♥

•

1457 dagar, om några dagar fyra år, skadefri. Det svåraste beslutet jag tog, det svåraste löftet till mig själv att hålla. Daniel gömmer rakhyvlarna, jag skulle ljuga om jag inte erkänner att jag letat dem. Cigarettglöden mot armar och handryggar lockar varje gång jag tänder en cigarett, minns känslan, den vidriga stanken av bränd hud.

Romantiserar allting med det. Proceduren att plocka isär rakhyvlarna, de små såren på fingertopparna där jag slinter, jag gör det snabbt, inövat tills jag sitter där med blanka, skinande, nakna smala rakblad.

Det är vackert till en början, jag kan inte ljuga. Att gömma dem i armarna, den skarpa smärtan jag känner igen så väl, det varma, röda, såren kräks ut. Det blixtrar till – en iskall rädsla, införstådd vad jag gjort. Ambulansfärd varje gång, akutmottagning, morfin, de försöker pussla ihop såren med de äldre ärren jag korsade med rakbladen.

Sedan alltid akutpsykiatrin över natten, stärkta sängar för små, trasiga flickor med ilska sår över armarna under bandagen. Övertalande på läkarmötet om morgonen, att slippa stanna kvar. Manipulerande ord, bakom fasader av betong.

Har aldrig ångrat ett rakbladssnitt, aldrig känt skam eller skuld, en triggerfaktor varje gång. Ångrar inte ärren som slingrar sig över mina armar, det är, det var, min överlevnadsstrategi, ett lindrande känslokaos. Aldrig skämts, aldrig slagits med ånger. Min överlevnadsstrategi i en värld jag är för känslomässigt fragil för.

Den dagen jag bryter löftet jag gav åt mig själv i taxin hem efter en skärsession, den dagen jag bryter det vet jag att det inte är för stunden, då har rakbladen herravälde över mig igen. Det finns ingenting som är en gång. Där tar de bloddränkta andetagen vid igen.

Nu måste jag sätta mig tillrätta i att vara skadefri, finna andra strategier än att sarga kroppen med vassa blad, cigarettglöd. Har aldrig funnit någonting som verkligen dövar, dödar, känslokaos som den blanka metallen, glöden. Inga droger, inget självmedicinerande med piller och alkohol, var lika svårt att avstå som självskadandet.

Detta ska bli min vinst. 1457 dagar till oändlighet.

●

Stannar upp mellan köket och badrummet, vet inte om jag borde dricka eller kräkas. Det är precis lika äckligt. Dricker ur handfatskranen, platta gula tabletter och sodastreamad Cola light med en cigarett i handen, försöker att skriva. Försöker att inte spänna käkarna. Ledsenheten håller mig i sina käftar och jag flämtar efter luft.

Färgerna faller, jag har förstört mycket idag, de senaste fjorton dagarna har varit som en hagelstorm av destruktivitet. Jag orkar knappt censurera det jag säger längre, vill tala lika brutalt som jag är, ikväll önskar jag mig en famn, någonstans att springa.

Illamåendet är skrämmande påtagligt, hoppas att komma på benen igen. Har så svårt att stå på dem dessa dagar, idag kommer hon att fråga och jag kommer att säga nej och det kommer att göra ont, in i själen.

Vaknade tidigt utan någon önskan att somna om, längtade till skrivandet och nu, då jag sitter här framför det blanka, vita, känner jag ingenting. Inte den där brinnande lusten, passionen, känner bara avsmak inför mig själv, mina ord. Vad jag gjort, vad jag gör om, om och om igen.

Tror på kontraster, jag kan inte förklara på vilket sätt, nu bara på låtsas. För att inte rasera världen och allting runtomkring mig. Magen vrider sig, händer mot kallt, vitt, porslin. Det är lika patetiskt och äckligt som det låter, jag är lika patetisk och äcklig som jag verkar. Tro mig, omedveten, medveten inuti medvetslösheten, triggad. Har aldrig skämts så mycket för mig själv.

•

14 januari, minns din doft. För varje år som passerar mig känns smärtan, saknaden djupare rotat inuti. 13 år, Linnea, 13 år sedan ikväll sedan du valde att lita till vingarna.

Det känns i hjärteroten då jag tänker på hur full av liv jag mins dig, flyktiga tankar inför att inte kunna förstå, det hände succesivt samtidigt kunde ingen förstå. Förstå hur du valde att lämna oss i ovissheten, i den stunden så ensam.

Minns då du tog körkort, jag fick åka jungfrufärden i BOZ-bussen. Hur du tvingade i mig havregrynsgröt till frukost. Allt bullbak. Då du talade så väl om mina vingar, jag vrålade åt dig i ilska. Alla långa samtal i bussen när du outtröttligt körde omkring mig. Agnes von Krusenstjernas allé om hösten. Då du hämtade mig söndertrasad, full och påverkad i regnet i Tierp, bäddade ned mig i en fåtölj. Långa promenader i Boulognerskogen, blandskivorna jag brände dig, Nikki Sixx-skivan jag fick några veckor innan du försvann. Hur jag kunde bli väckt mitt i natten med frågor om tändare.

Du lärde mig tillit, att hela världen inte är ond.

Nu så långt bort, vi ses i ett annat liv.

•

Kyliga fingrar över tangenterna, det är vinter, röker hastigt. Stiftelsen i hörlurarna, det klibbar mellan orden, känner smutsen etsa sig fast. Det sker varje dag nu, monster och dagmardrömmar, matt av medicinerna samtidigt är alla sinnen på högspänn.

Tar sats, inhalerar den januarikalla kylan, exploderar svarta bokstäver på vitt papper. Aldrig njuter jag så som när skrivandet är närvarande. Försvinner, går vilse, finner nya stigar.

Andas mellan orden, kaffekopparna avlöser varandra att värma mina fingrar, cigaretterna att kyla ned dem igen. De försöker nå mig, att jag borde lämna det, det i det jag andas. Skriver passionerat, på kanten av mitt medvetande lämnar jag orden där det blir ingenting annat än liv för mig. De försöker nå mig, förstå mig, hur jag kan lägga livet bredvid och leva genom fingertopparna.

Blir aldrig färdig, kan inte se var fingrarnas sista dans tar vid. Är det mina sista andetag?

•

Sitter med benen i kors i sängen, orden flödar, jag med dem. Clozapinen håller min hand, känner svag värme, jag blundar. Telefonen är så tyst, mina tankar frusna där jag sitter med kalla händer och skriver. Skriver mina sista ord, mitt testamente, sista önskningar i form av ångestladdade versioner av mig själv, så som jag borde vara.

Glömmer att äta, röker allt för mycket, ensamheten skaver. Daniel är i vardagsrummet, vågar inte larma honom. Kaffet svalnar i vindarna från det öppna fönstret, jag vill skrika, vråla så högt jag kan: att jag kommit till en punkt där jag överväger nya rakblad.

Ingenting i mitt liv har varit så svårt som att lägga rakbladen åt sidan. Inget pillertrillande, inga droger. Känslan att hugga rakbladet i armarna om och om igen överröstar allting, den njutbara känslan att se såren kräkas mörkrött blod, drömmer om det. I den stunder vinner jag, samtidigt förlorar så mycket.

Vet vad som väntar, det är bara en fråga om tid. Över fyra år fri, kan raseras på en promillesekund. En evig rädsla.

Känner ingen ånger när jag sitter här med krigs-resterna som slingrar sig runt armarna, det har varit min överlevnads-strategi, är smärtsamt medveten om att om jag inte omfamnat rakbladen hade jag aldrig överlevt den skarpa verkligheten jag lever i. Så tack rakbladen, tack för att ni gav mig styrka att överleva.

Öppnar fönstret, KENTs nya skiva, doftljus, bara mina tankar. Behöver mig själv inatt, har svårt att förstå var jag tog vägen. Nu måste livet ta vid igen, har ingen tid, känner mig frustrerad, har ingen tid eller ork att existera med fingertoppen på paus-knappen längre nu är. *Höj volymen och lev, Agnes, lev,* är vad jag intalar mig.

Ett dämpat ljus, Oh Laura på låg volym. Luktar underligt, märkligt. Främmande, samtidigt så nära. Inspirationen tog vid, men kreativiteten och disciplinen lyser med sin frånvaro.

Förmådde mig ingen sömn, nu måste jag skriva. Måste skriva om allting som hänt det senaste dygnet, om allting jag känner, om allting jag tänker. Måste skriva innan det förgås, en passionerad besatthet.

Önskar denna morgon att jag hade någon att dela mina kluvna tankar med, någon som lyssnar, någon som inte tjorvar in sig i mina tanketrassel - blir förskräckt, någon med ett lugn i rösten.

Det behöver bara vara någon. Vem som helst, måndag. Måndag eller tisdag, till måndag eller tisdag ska tankarna gro okontrollerat. Till måndag eller tisdag ligger jag i ett vakuum av känslor som spinner täta klibbiga trådar och håller mig fast, kanske hittar jag ett sätt att fly, kanske kan kärleken i mitt liv rädda mig från otrevliga tankebesökare, kanske måste jag lita till mig själv.

Dricker varmt vatten ur en gulblommig stor mugg uppvärmt av elementet nedanför, mina fötter är kalla. Ett rött nattlinne, lämnar ett rum i kaos efter mig då jag åker om någon timme, tänker: kanske lämnar mitt kaos här.

Om jag lämnar det betyder det att jag måste återvända där jag var då jag gick, borde jag istället bära det med mig för att minska chock? Borde jag ta allting, det med mig och smutsa ned de rena ögonblicken jag har med Emelie? Nej. Lämnar detta här.

Tankarna skenar, hamnar på kant med verkligheten. Trär på mig den mörkt gröna täckjackan över mitt röda nattlinne, svarta UGGs över mina bara smalben. Ljudlöst svävar jag över den knarrande parketten för en cigarett till tröst.

Som om känslorna tävlar, i vilken ordning de ska ut. Förvirrande samtidigt befriande samtidigt irriterande samtidigt frustrerande. Måste känna varje känsla varförsig. Det finns mycket att berätta, så många ord som trängs i fingertopparna.

●

Som att existera på båda sidor av verkligheten, på gränsen, utanför. Klockan är halv fem på morgonen, sömnlösheten hånar, snubblar över orden, trasslar in mig i meningarna. Skriver produktivt samtidigt som vågorna av mitt avlägsna medvetande slår mot mig. Alla tankar trasslar ihop sig, har svårt att urskilja orden, som om tjocka flätor av tankekedjor, som om verkligheten är svår och sammantvingad, men jag kämpar och lyckas skriva.

Kvart i sju på morgonen, sitter med anteckningsböckerna på balkongen och inhalerar morgonkylan. Sluter ögonen för en stund, fingrar på min John Silver, Lifehouse i de trådlösa hörlurarna. Solen har gått upp, världen tystnar i morgonens sköte, jag njuter. Tiden frös, lyckades somna.

•

Daniel, min kärlek. De får säga vad de vill, det är vi två. Jag har min klippa. Någon som alltid försöker att få mig att le. Någon som vill mig så väl, aldrig någonsin något ont.

Min man som tillåter mig att vara liten och bär mig då jag behöver. Som håller om mig när jag gråter och då jag skrattar.

Som jag litar på och lyssnar till vackra, ärliga ord om evig kärlek. Med ett leende på läpparna planerar vi ett liv tillsammans. Ett liv som aldrig tar slut.

Jag är så välsignad som har en man jag kan lita blint på när han ser mig i ögonen, säger att han älskar mig. Att hag ärligt kan säga det tillbaka.

•

Ångestmonster, självskadedemoner. Kommer på mig själv med att leta rakhyvlar, Daniel har av kärlek gömt dem så väl. Gnyr av det beska misslyckandet. Drygt fyra år skadefri, skulle kasta bort det för känslan rakbladshuggen ger.

Medveten om konsekvenserna. Ambulans, morfin, nervskador, metervis stygn, akutpsykiatrin. Konsekvenserna nya sår och ärr smälter samman med randiga armar, vet att om jag gör det så har jag börjat igen. Det är ingen enda gång.

Deras obehagligt besvikna blickar, är inte redo att möta deras ögon. Vill inte göra någon rädd, uppgiven.

Redo att bryta fyra år, kasta bort dem. Romantiserar känslan, det sammetsröda blodet, det svidande när jag lindar in armarna i sönderrivna badlakan. Jag har bestämt mig nu, det är nära.

•

Nära en kollaps. Det är så litet som bär mig genom dagarna, huden under ögonen rodnade och blånade. Skrivandet är det enda som ger mig kraften att fortsätta, mina andetag som svärta på vitt. Skriker, vrålar om rakbladsromantisering, drogsug. Impulser, de säger att jag är starkare än så. Är svag, jag behöver er nu.

Parketten börjar bli nött, stigen jag skapar då jag tappert gått ut och rökt för mycket de senaste åren. Lämnat urdruckna kaffekoppar på bokhyllorna, de leder vägen. Tar på mig hörlurarna, inhalerar februaris kyliga luft, tänder en cigarett, lutar mig bakåt, försvinner in i musiken.

Försöker att stanna på en plats med tankar som cellofan, skrynklar sig i vinden. Försöker att finna mig själv någonstans, är för flyktig. De undrar om jag någonsin står still, om jag tänker hindra mig. Varje dag, kära åhörare, varje dag.

Är svag, behöver er nu.

●

"Vi börjar fundera på att lägga in dig för ytterligare medicinavgiftning", min kontaktperson från psykiatrin är på besök.

Hans ord träffar mig som ett hagel av panik, alla mediciner jag har behöver jag, jag behöver dem mer än någonsin.

"Och du har fått tillbaka din gamla läkare, om du inte minns så är hon överläkare och behöver en underläkare innan hon tar emot patienter"

Svarar att jag verkligen måste träffa henne. Det senaste halvåret har varit ett svärtat halvår, ångesten ständigt närvarande, rösterna så påtagliga. Äter dåligt, sover dåligt. Sjunker djupare in i depressionen för varje mikrosekund, rädslorna så nära, paranoian ökar utan friska tankar.

Så nära rakbladens udd, kan föreställa mig känslan och när jag sitter där på badrumsgolvet med låst dörr blundar jag, drar fingrarna efter armarna, njuter.

Ständiga samtal till akutpsykiatrin, behöver alltid någon att nå då vansinnet smärtar, ensamheten skaver. Behöver någon att bekräfta min existens, tigger närhet av Daniel för att känna var kroppen tar slut. Ishandskarna avlöser cigare-tterna, dricker mitt kaffe svart. Dessa frestelser att inte lyda, arbeta från en flykt jag suktar efter. Mina flykter, som jag längtar, som jag önskar att någon gav tillåtelse att ta den.

•

Spenderar dagen i sängen, vänder mig inåt, en puppa. Det finns så mycket jag inte finns till för. Vänder mig, vänder mig inåt. Omger mig med ett hårt skal, stänger ute allt ljus, allt ljud. Önskar att få försvinna en stund, *bara snälla låt mig försvinna, var jag än vänder omges jag av svärta.*

Emelie Matthew, känner inte ditt hjärta. Lager av iskristaller över örnvingarna, våra hjärtan slår inte som de brukar slå. Så trasiga, så långt från varandra är det känslor som tågkollisioner på avstånd. Kan inte rädda henne, hon kan inte rädda mig.

Tystnaden är värst, meddelanden vars svar uteblir, jag slår mig blodig varje dag i hennes rännil. Känner litegrann att det är för sent, två hjärtan som blöder svärtade, vassa kalejdoskopkristaller och speglar som visar den skrala sanningen att vi kanske aldrig kan reparera det vi hade, den vänskap vi hade.

Nu sådan tystnad, förväntar mig ingenting. Emma Matthew, mitt hjärta är bräckligt, du kanske har sårat mig för sista gången. *Har jag sårat dig?*

●

Kylan biter där jag sitter i februarikylan, smyger in genom det öppna fönstret. Vänder mig ut och in om nätterna till mardrömmarnas toner, vaknar vid midnatt, vågar inte sova längre. Skrivandet är det som håller mig varm, tangenttryck i takt till mitt hjärtas slag.

Håller medicinerna hårt i handen, kan räkna till Akineton, Clozapine, Gabapentin, Haldol, Lergigan forte, Venlaflaxin, Propavan, Imovane, och alla i maxdos eller över. Det är en remsa jag kan så väl, nynnar den.

Begraver mig i Daniels famn, borrar in ansiktet i hans hudveck, känner den trygga doften då han omfamnar mig. Vi behöver inte alltid säga något, som en tyst överens-kommelse om hur vi aldrig kan

skiljas åt, penetrerar varandras själar med utandning-
sluften.

Skriver passionerat, besatt, flera timmar utan att titta
upp. Det är mina, mina ord, min berättelse.
Någonting ingen kan ta från mig. Skriver själen trött,
lämnar mitt i en mening och ringer Melinahus.

"Har du hört att Gösta är dålig?", personalen i
telefon, tidig morgon, hon talar om en annan
brukare.

"Åh, nej. Hurdå dålig?"

"Han är väldigt sjuk, det blir succesivt värre. Och
sedan är han ju gammal"

"Men om man är så sjuk – varför ligger man inte på
sjukhus?"

"Det är nu i sista skedet. Så han har alltid personal
hos sig, så då vet du om vi inte alltid kan svara då du
ringer"

En stilla undran, då jag bestämmer mig för att lämna:
kommer jag ha personal som vakar över mig? Där
jag kommer ligga, sönderskuren, överdoserad och
alkohol-förgiftad. Kommer de sitta på sidan av
järnvägsspåret och vänta med mig? Kommer det att
finnas någon vid min sida när jag drar mitt sista
andetag?

Jag kan inte se mig själv leva mer än tre månader fram i tiden, gör livet oerhört svårt att förhålla sig till. Jag ruvar på mitt självmord, kan motivera ett andetag till med att jag kommer att få lämna när jag vill. Ingen kan hindra mig, eller bota de tankarna. Jag måste veta att jag har det valet för att orka en dag till, håller det varmt om hjärtat.

Melissa Horn på låg volym, smyger försiktigt ut i gryningen på balkongen, tänder en cigarett i tystnad. Röker i stillhet och dagdrömmer om skrivandet, små flickekroppar, stora monster. Undrar om dagen idag kan visa lite vördnad, eller om den även idag ska kantas av mörker. Små flickekroppar på vita blad, eller fläckade tankar, att slicka järnvägsspår.

Världen sover fortfarande. Stillheten slår mot mig i vågor, fryser under rökkoftan med bara fötter mot snön som föll igår. Barfotafötter mot kylan, säger en del om min medvetandegrad. Motigt sväljer jag morgonmedicinen, startar kaffebryggaren. Idag ska jag vinna mot tystnaden, vrålar inombords.

Duschar varmt mot mina frostade fötter, händer. Sveper in mig i godluktande krämer, trär på mig nytvättade, väl-doftande kläder, mjuka mot huden. Sätter upp håret, lever i spegelns reflektion. Jag ler inte.

Sätter mig med benen i kors i sängen framför datorn, tar ett djupt andetag och andas ut små, små ord i tonerna av VNV nation. En kopp kaffe och två cigaretter och någonting konstruktivt formas framför mig, världen sover, jag njuter i någon slags trans, hjärtat pickar på tangenterna.

Skriver om små flickekroppar, små tungor slickar järnvägs-spår, skriver någonting nytt. Pirrar i mig i exalterande tankar som blir ord i nya dokument. Nya dokument ingen kommer att läsa, nya ord bara för mig att äga och förgöra, för mig. Bara för mig.

•

Gömmer mig i kupade och frostade händer, en vit natt. Vita nätter, det är bara Ellen, min kära B1, som förstår. Vrålar vansinnesvrål i kuddar, skriver viktiga ord om morrhår mot huden och gråter då jag kedjeröker med nakna fötter i nysnön på balkongen.

SIA på hög volym i hörlurarna, skriver i pausen mellan andetagen, andas varm, mjuk utandningsluft. Mardröms-monster, flickebarns-förövare får mina fingertoppar att dansa över tangenterna med en må-lmedvetenhet som skär genom luften.

Skållar mig i duschen, håret är tovigt, kroppen kall. Faller, faller. Ringer personalen då andetagen tryter, verkligheten så skarp, tar på mig tofflor innan vi ger oss ut på balkongen i många minusgrader.

Personal: *Men hur mår du, Agnes? Mår du dåligt?*

Jag: *Ja, jag mår inte så bra…*

Personal: *Du sitter och gungar. Fryser du?*

Jag: *Jag fryser inte.*

●

Vänder, vrider på mig i vakna mardrömmar, sängbunden, med en skälvande ångest där telefonen tystnat och det fuckar med mitt huvud. Skrivandet har likt morgonkaffet svalnat, dricker mitt kalla kaffe på en kall balkong, beställer dubbelsidiga rakblad. Det är skrämmande nära nu.

Planerar, stryker fingertopparna över armarna. Känner den oersättliga känslan, varm vätska mellan fingrarna. Kommer att göra en hel värld besviken, jag förlöser ett monster så fort jag randar mina armar ytterligare.

Det är få förunnat att förstå hur det känns, hur det känns att romantisera blödande jack i huden. Min ultimata lindring, mitt inlärda sätt att förstå mig på känslor. Mitt sätt att säga åt mitt inre att hålla käften, mitt brutala sätt att få lindring, njutning.

”Det kanske börjar vara en bra idé att sätta ut alla dina mediciner, börja om från början?”, Tova känner mig.

”…det blir en helvetiskt lång inläggning isådanafall”

”Men det behövs?”

”Jag vet inte vad som behövs. Någonting måste till i alla fall”

"För att du får hela tiden mediciner, men det blir bara bättre en stund", hon har så rätt, så fel.

"Det är det jag behöver. Bara en liten jävla stund"

•

"Hur gick det med den där polisanmälan?", ett år och några månader senare ställe hon frågan.

"Den lades ned. Det var ord mot ord, och våldtäktsmannens ord väger tyngre"

"Jag kan fortfarande inte förstå att du bjöd hem honom"

"Nej, inte jag heller. Det var jävligt idiotiskt"

"Så det som hände var väl inte så konstigt?"

"Bara du inte säger att det är mitt fel"

"Fast... du borde sett vad som skulle komma"

•

Hugger invärtes innan ett panikslaget sinne. Hittade bilder som togs innan Greyscale. Hittar bilder på mig, med vodka i glaset och en katt i knäet liggandes i en soffa i Umeå. Såg så lycklig ut, sprit, vänner, katter. Lyckligt ovetande att det otänkbara ska hända bara timmar senare.

Ovetande om upprepade nej, ovetande att vända sig

bort, ovetande om ett medvetande tog ett steg tillbaka, om Umeå i gryningen, fortfarande full och påverkad om gynekologstol, rape-kit, engångstrosor, om blåmärken, sveda. Om tårar i badkar med randiga armar, ovetandes om polisanmälan och hur den kommer läggas ned.

Smutsen som inte går att klösa bort, de vidriga orden jag upprepar tills det övergår till sanning. Vänner som tar ett steg tillbaka, Koskenkorvan smakar ljuvligt, trippar på onda ballerinatår innan jag krackelerar, små vassa skärvor.

Hur den kvällen kunde ta en dramatisk vändning, hur jag gick från att sminka mig, fixa håret och klä mig i mina trasiga strumpbyxor till att någon annan rev nya maskor i den svarta nylånen. Hur det gick från förfest med sprit, älskade vänner och musik, till att han obarmhärtigt tog sig rätten att ta min kropp. Ärra mig.

Aldrig mer. Naivt intalar jag mig själv: aldrig mer.

●

Det knastrar i fötterna där jag smyger över parketten för att inte väcka Daniel, tårarna faller tungt ned i mungipan vid ett nederlag: hittar inte rakhyvlarna. Skriver besatt, outtröttligt, passionerat. Kvälls-clozapinet, nattzopiklonen och skrivand-et håller min hand inatt.

Smyger ut på balkongen för att röka för att stilla för
att inte falla sönder i vassa skärvor, skär mig så i
medvetandet när jag kliver på dem. Det känns som
att jag förlorar, det känns som att det kanske inte är
för mig. Fimpar, andas in och sätter mig sida vid sida
med verkligheten och anteckning-sböckerna,
favoritpennorna, njuter med Lacuna coil i hör-
lurarna.

Datorns surrande håller mig sällskap, det är svårt att
befinna sig i sig själv ensam. Gråter så hårt, trots de
orden är outtalade krävs det att jag spelar efter deras
regler. En besvikelse i deras röster, jag blir mindre
och mindre, tar mindre och mindre plats.

Den förvridna sanningen tar för mycket plats, byter
till VNV nation på hög volym för att dränka rösterna
som vrålar. Klöser hål på huden, skrubbsår kantade
av kaos. Skyler mig, skyler orden som aggressivt
skriker som svart på vitt kan. Övertygelsen att ta sig
ur detta är bara en föreställning, jag kommer aldrig
bli fri.

•

Friktioner vid mitt bröst, lilla fågelhjärtat pickar,
pickar. Flämtande andetag, liv som inte räcker till.
Ord som inte räcker till. Jag känner spetsen av mitt
medvetande, det skrämmer mig hur skarpt mörkret
sänker sig över mig, tappar höjd.

Förfallen inför falskspelet min tunga dansar till då de
frågar hur jag mår, sanningen för vass att forma till
någon verklighet.

De gestikulerar om ont bråd, hur jag är fastetsad vid mina svagheter. Alla nervtrådar, sliter, drar, upplever en kort sekund ren skräck innan min ömtåliga kropp slår i marken.

Stirrar in i självföraktet med svärtad iris, de talar med frågande röster. Om hur man kan hata blint med ett besatt sinne, hur man dekorerar innanmätet med kaos, hur man skriker vansinnet ur sig genom stängda fönster. Hur om jag kunde flyga, hade jag flugit.

Byter grepp om mina sinnen, försöker att föra under tiden golvet under mig rämnar när någon frågar vad som sker. Gösta har gått bort, en stilla undran: *är jag nästa att lämna?*

•

Ta min hand i din, innan sirener hörs genom mörkret och jag faller djupare. Innan sirener ljuder, innan min röst blir ohörd i djupet där den inte ekar och tomheten varar i mina väderbitna händer.

Sitter i ruinerna, mitt liv stilla ebbar ut till tonerna av ljudet av regnet i min trötta själ. Tanken är borta att tro att jag kan fly. Käken trött efter tysta vansinnevrål i våta sängkläder, förklara för mig hur jag räddar mig ur ångestens klor.

Är infekterad, de håller andan under tiden livsbetingelserna hårdnar. Här blir närhet en skada, smittförande. De vakar över mig, håller vakt för de tyngda tankarna.

Blodtörsten sliter mig i stycken i natt, det är samma film som rullar innan ögonlocken. Midnatten lindar gåtfullt i en labyrint, en mörk tät, ensam dimma.

Sitter och skriver igen. I det nattsvarta mörkret är det min besatta fristad. Huttrar i depressionens vindar mot min bleka hy, regnet som kyler mig med väta, den stora skymningen som var. Viskande röster omkring: *se hur hon brinner ut.*

Tack.

Tack, tack alla **skötare, sköterskor, kirurger, all personal på Melinahus.** Tack för allting ni gjort, och gör i mitt trasselkaos. Allt tålamod, alla samtal, skinnpussel, lugnande röster, närheten. Bär er alla i mitt hjärta.

Min familj. Tack för att ni ständigt finns där, tålmodigt och outtröttligt. Vet att ni står på stranden som omger mitt personliga svarta, stormande hav av kaos, där väntar ni på mig med så mycket kärlek, värmande mot huden. Tack för att ni tror på mig och mina förmågor.

Daniel. Min Daniel Lundkvist, mitt liv var så mörkt innan dig, du skänker mig ljus varje dag. Tack för att du visar mig att jag är värdefull, värd att älska, värd att leva. Är så tacksam att jag får vakna upp varje dag bredvid dig. Tack för att du älskar mig, alla trasiga fucked up delar av mig.

Tova, Efva, Laila, Christel, Rakel, Robin, Liam, Emelie, Gilmo. Tack, ni är en och en lika fantastiska. Vissa valde att ta ett steg ut ur mitt liv, vissa håller jag så hårt nära hjärtat. Älskar er alla på alla olika sätt.

Och tack alla som tror på mig, stöttar mig i mitt skrivande, får mig att tro att det jag gör är någonting värdefullt.